人人可以做创客

创客文化引领未来商业潮流
创客精神成就未来商业领袖

刘玉山 ◎ 著

全程揭密从创客到"独角兽"掌门人的十八般武艺！
打通创客经脉，你也可以从一无所有到一无所缺！

图书在版编目（CIP）数据

人人可以做创客 / 刘玉山著. —重庆：重庆出版社，2016.9
ISBN 978-7-229-11103-8

Ⅰ.①人… Ⅱ.①刘… Ⅲ.①企业管理—通俗读物 Ⅳ.①F270

中国版本图书馆 CIP 数据核字（2016）第 071042 号

人人可以做创客
RENREN KEYI ZUO CHUANGKE
刘玉山 著

选题策划：陈龙海
责任编辑：陶志宏　张 蕊
责任校对：杨 媚
封面设计：国风设计

重庆出版集团 出版
重庆出版社

重庆市南岸区南滨路 162 号 1 幢　邮政编码：400061　http://www.cqph.com
北京华韵大成文化传播有限公司制版
三河市九洲财鑫印刷有限公司印刷
重庆出版集团图书发行有限公司发行
E-MAIL:fxchu@cqph.com　邮购电话:023-61520646
全国新华书店经销

开本:710mm×1000mm　1/16　印张:18　字数:212 千
2016 年 9 月第 1 版　2016 年 9 月第 1 次印刷
ISBN 978-7-229-11103-8
定价：38.00 元

如有印装质量问题，请向本集团图书发行有限公司调换:023-61520678

版权所有　侵权必究

前言 PREFACE

在2015年12月，《咬文嚼字》杂志公布的2015年度十大流行语中，创客排名第五。究竟什么是创客？简单来说，就是出于兴趣爱好，努力将脑中的各种创意转变为现实的人。"创"的含义是创造、首创、开创、创立，它体现着一种积极向上的生活态度，同时要通过行动和实践去发现问题和需求，并努力找到解决方案；"客"的含义则是客观、客人，客观体现的是理性思维，客人则体现了人与人之间良性互动、开放与包容的精神。

创客，与我们常说的科技精英、创新人才有着本质的不同，他们并不一定非得拥有专业高端的知识和技能不可，创客活动也并不一定都有很高的门槛。只要有创作的欲望，任何人都有机会成为一名创客。我们许多人在小时候可能都有利用乐高玩具或积木搭建模型的经历，实际上，这就是一种最简单、最初级的创客活动。

在企业的发展过程中，创客们也在不同程度上发挥着作用。许多专注于创意的企业及其领导人，比如苹果公司和史蒂夫·乔布斯、微软公司和比尔·盖茨、Facebook和马克·扎克伯格等，在某些层面上都具备创客的特征及属性。

在许多年前，欧美的创客们曾成功研制了一架无人机，其成本仅为波音公司研制的同类无人机的1%。这架实现了众多功能的无人机让社会各界都见识到了创客们的实力，看到了"草根科研"的力量。

在互联网时代下，创客们焕发了前所未有的生机，并逐渐成长为一股影响社会进步发展的庞大"势力"。

如今，中国的独立创客和创客团体也正如雨后春笋般快速崛起，并形成了以北京、上海、深圳三大"创客基地"为中心的创客圈子。而随着李克强总理发出"大众创业、万众创新"的时代号召，国内的创客们又将迎来前所未有的发展机遇。

本书是一本关于创客的综合性"科普读物"，立足于创客运动的起源和发展，分析创客运动的巨大作用和影响力，展望创客运动的未来走向等。

全书共分为四大部分。第一部分以风靡全球的创客类活动作为导入，讲述了创客的概念、起源、发展态势、内在特质、爆发诱因、行为原则等基础性内容；第二部分以国内外优秀的创客作品作为导入，讲述了以兴趣为主导的创客应当如何挖掘并实现创意，以及以创业为主导的创客应当如何完成从创客到创业者的跨越，成功实现创业项目；第三部分以苹果和海尔这两大创新企业作为导入，讲述了创客对于企业创新发展的重要意义，以及企业应当如何搭建和管理内部创客组织，为企业注入创新活力；第四部分以创客对于产业、商业发展的影响力作为导入，讲述了创客运动对于社会进步发展的巨大推动力，以及政府和社会各界应当如何运用政策、资金资源、渠道等力量支持和引导社会化创客运动的普及发展。

本书面向所有对创客有兴趣、希望了解创客世界的读者。无论你是拥有强烈的创新欲望，还是希望将创客作为创业的跳板，或是想要借助创客的力量推动企业发展，都可以阅读本书，了解创客们的物质和精神世界，成为创客世界中新的一员。

创客的大门向任何人敞开，创客们的创新潜力不可估量，创客运动必将演变为一场社会性、时代性的潮流。在这个以创意为先、以创新为重的社会氛围和产业趋势下，属于创客的时代已经来临。

目录 CONTENTS

前言 / 001

Part 1 创客时代

第1章 创客运动正风靡全球 / 003
1. 美国白宫搭建"创客集市" / 004
2. 深圳创客联盟正式成立 / 007
3. Maker Faire：创意嘉年华 / 011
4. 创客类节目精彩纷呈 / 015

第2章 创客，"玩"的就是创意 / 019
1. 创客的起源和发展 / 020
2. 我国的"创客地图" / 023
3. 创客，是一种信仰 / 028
4. 创客vs黑客vs极客 / 031

第3章 全民创客运动缘何爆发？/ 035
1. 信息爆炸成为灵感源泉 / 036
2. 开源精神和开源工具成为创新温床 / 039
3. 时代的创新需求成为强大推动力 / 043

第4章 创客三原则 / 047
1. Think：思考但不要太久 / 048
2. Make：行动就不要放弃 / 051
3. Share：分享且不要保留 / 054

Part 2 解放创意

第5章 创客拥有无穷魔力 / 059
1. 国外优秀的创客作品 / 060
2. 国内优秀的创客作品 / 064

第6章 创客必备的基本素质 / 069
1. 态度：坚信创意无止境 / 070
2. 知识：孕育创新的土壤 / 073
3. 经验：有积累离成功更近 / 076
4. 想象力：为创新插上翅膀 / 079
5. 实践：创客必须走出家门 / 082

第7章 人人都能成创客 / 085
1. 衣食住行，创意空间无处不在 / 086
2. 用创造性思维点燃创意 / 092
3. 别找借口，你的障碍只有自己 / 095

第8章 创客到创业，理想还有多远？ / 099
1. 创业蓝海，未必游得轻松 / 100
2. 创客和创业是不同"学问" / 103
3. 创客到创业者，需要哪些蜕变？ / 106

第9章 组建创客团队 / 111
1. 创客，不是一个人在战斗 / 112
2. 发现具备创客精神的"创业合伙人" / 114

3.创客团队必备的三种人才 / 117

第 10 章　创客管理学 / 121

1.目标聚人心,专注才能实现 / 122

2.有兴趣更要有责任 / 126

3.尊重和空间,创客不可或缺的"营养" / 128

4.自由≠放纵,制度不可少 / 131

第 11 章　创客战略规划 / 135

1.定位:客户在哪儿?需求是什么? / 136

2.融资:创客们永远的痛点 / 139

3.转型:危机时刻如何抉择? / 142

Part 3 商业革命

第 12 章　卓越企业拥抱创客运动 / 147

1.苹果是伟大的"创客企业" / 148

2.海尔启动"创客实验室" / 150

第 13 章　创客时代,企业需要"接舷" / 153

1.创客的质和量决定企业未来 / 154

2.创客助力企业转型 / 157

3.让企业成为"DIY工厂" / 160

第 14 章　搭建企业内部的"创客组织" / 163

1.企业创新,从内部变革开始 / 164

2.如何应对企业内部的创新阻力 / 166

3.创客组织的定位与架构 / 169

4.赋予创客组织必要的权利和义务 / 172

第15章　创客组织产品设计 / 175

1.未来产品，只能走上创新或没落的单行道 / 176

2.技术or需求？"酷"才是最重要的 / 179

3.关注长尾，打开产品创新之门 / 182

4.做创新产品必须具备匠人精神 / 185

第16章　创客组织价值链强化 / 189

1.价值链的薄弱环节正是利润盲点 / 190

2.寻找从灵感到结果的最短路径 / 192

3.创客组织，必须是一个"全能组织" / 195

4.重构价值链，将创意与利润挂钩 / 198

第17章　创客组织创新激励 / 201

1.封闭式创新vs开放式创新 / 202

2."内部创业"不只是一个口号 / 206

3.当激情不再，如何持续前行？ / 209

第18章　创客组织文化建设 / 211

1.创客文化，是互联网精神的升级 / 212

2.由点及面，引导创客文化的扩散 / 215

Part 4 驱动未来

第 19 章 创客运动将成社会颠覆力量 / 219
1. 民间力量助推国家战略 / 220
2. 创客运动与新工业革命 / 223
3. 创客运动和商业未来 / 227

第 20 章 关注教育，创客从娃娃抓起 / 231
1. 创客教育＝未来教育模式 / 232
2. 从微课、慕课和翻转课堂看创客教育 / 236
3. 创客大赛，以竞技带动进步 / 239

第 21 章 创客社区，全民参与的创新网络 / 241
1. 创客们的"小社会" / 242
2. 从兴趣社区到实践社区 / 244
3. 打造创客社区服务链 / 247

第 22 章 政策开放，来自政府的有力支援 / 251
1. 创客运动需要政府支持和造势 / 252
2. 李克强总理为创客空间"点赞" / 255
3. 深圳倾力打造"设计之城"和"创客之都" / 257
4. 政策支持需要关注"草根创客" / 261

第 23 章 社会化创客运动落实战略 / 265
1. 在创客和产业间架起桥梁 / 266
2. 打造良性循环的创客产业链 / 269
3. 夯实基础，完善创客生态链 / 272

Part 1
创客时代

创客，作为一种以创意活动实践为主的新兴群体，正在以自身强大的创造力改造着这个世界，创客逐渐成为各个创意舞台中的主角，建设着属于自己的时代。

第 1 章

创客运动正风靡全球

在这个创新思潮空前澎湃的时代，以创新为荣的精神赋予了许多个人和组织前所未有的使命感。在对创新尝试的追求与实践之路上，创客这一以创新为己任的新生群体也逐渐登上了世界历史的大舞台。而由广大创客作为行动主体的创客运动，也正在成为风靡全球的创新盛会。

1.美国白宫搭建"创客集市"

美国几乎可以称得上是世界近现代史上的创新发源地，在开放性的思维和环境下，美国人民历来喜欢追求"新鲜玩意儿"，而美国政府对此也是不遗余力地支持。不过，在总统的办公要地白宫内开设"集市"，还是让许多人惊讶万分。

在2012年的白宫科技展上，一名叫乔伊·哈迪（Joey Hudy）的16岁少年将一颗棉花糖"炮弹"用自己的自制大炮成功发射，并横穿了美国国家宴会厅，一举"征服"了美国总统奥巴马。而随后在传递卡片的互动环节中，少年乔伊又做了一件了不起的事，他在卡片上写道："不要让生活变得无趣，自己动手制作一些东西。"后来，由于乔伊在一次Maker Faire上的出色表现，他也被英特尔的CEO布莱恩·科兹安尼克（Brian Krzanich）看中，成为了英特尔史上最为年轻的实习生。

乔伊在卡片上的留言也深深"教育"了奥巴马总统，成为了他号召年青一代的美国青少年多动手动脑、投身创客运动的灵感源泉，在白宫举办的"创客集市"也由此为契机得以正式开展。

最终，在2014年6月，第一届白宫"创客集市"如约举办。所谓"创客集市"，就是让广大创客有机会曝光自己的各类发明创造，使之能够展现在公众眼前。而将白宫作为主办地，更是为这届"创客集市"赋予了非凡的意义，展现了国家最高领导集团对于创客运动的重视。在第一届白宫"创客集市"上，奥巴马总统也亲自发表了一段演讲，在祝贺"创客集市"成功举办的同时，也阐明了创客运动对于整个国家未来发展的重要价值和意义。

在白宫方面看来，通过举办"创客集市"以及类似的创客类活动，既有利于促进高等设计、制造工业以及高端科学工程学的发展，又能极好地培养普通人的创新精神和企业家精神。美国政府相关的管理机构已经与众多公司、非营利性组织、社会团体建立了不同程度的联系，共同致力于将这一活动发展壮大。比如，美国国防高级项目机构和退伍军人管理局联合支持在匹兹堡地区开设创客原材料商店，以便更多民众能够接触到先进、实用的制作器具。而在美国志愿队和部分公司、基金会的支持下，创客培训计划也在一些学校和青少年服务组织中如火如荼地进行。截至2013年夏天，美国已经有超过9万名青少年及其家庭成员参与过与创客相关的各类活动。

谈及未来，白宫方面发言人还表示，白宫相关管理机构还将继续加大对创客运动的支持力度，努力为广大青少年学生和年轻企业家提供更多的工具、空间和培训资源，协助他们更好地发挥自身的创造才华。同时，相关管理机构还在不断畅通和拓展公司、大学、社区与基金会参与到创客活动中的渠道，强化社会各界对于创客以及创客运动的支持。

作为全球微控制器和触摸技术解决方案的领导者，同时也是创客运动热心支持者的Atmel公司，也参与了首届白宫"创客集市"，并联合多位主创人员展示了他们的创新技术。Atmel的市场营销副总裁桑达·亚兹

（Sander Arts）在接受采访中说道："创客运动是下一次伟大的工业革命，它体现了美国精神。我们祝贺白宫举办了这样一次盛会，并感谢它认可和倡导创客运动。不论是业余爱好者或是工程师，这个社群的力量令人振奋，而Atmel处于其中心地位，对此感到非常荣幸，它提供的技术使得无论老少都可以将想象变成现实。"

2.深圳创客联盟正式成立

创客运动的奋兴之火在美国迎来了第一波热潮，但很快，在广袤的中国大地上，创客运动的星星之火也开始不断显现。而且，随着创客们的数量增加和创客活动的频次增加，中国的创客运动也开始发展到一个有组织的、具备规模的新阶段。2015年6月10日，位于中国创新前沿的深圳市，在紧挨着腾讯总部的一栋科技大楼内，一个由创客们自发组建的创客联盟正式成立。

创客联盟由腾讯云、中兴通讯、喜之郎、互联行众创空间、公众力智库、厚生资产、创客基地、中创国投、八爪鱼大数据、智客空间以及近百名个人创客共同发起，得到了综合开发研究院（中国深圳）、华友会、深圳国际大学生创客联盟、深职创客协会、深圳网商联盟等多个组织的鼎力支持。创客联盟的成员由共同的创新梦想相互连接，提倡创客与创客之间相互支持，并力求为创客和创意孵化器之间搭建更便利、更牢固的沟通桥梁。

深圳创客联盟是一个聚集创意、技能、资金、政策的平台，其愿景和使命是让广大创客能够拥有更好的环境专注于创造，让投资人能够在其中搜寻到更多靠谱的创新项目，同时也让企业能从中拓展新边界，助力于大众创业、万众创新的时代发展潮流。据相关知情人士透露，在深圳市内，仅正式挂牌运营的创客基地就超过了200家，创客空间总面积更是超过了50万平方米。而这些创客基地是否能够真正满足广大创客的需求，各类孵化器能否精准对接创客组织的成长，都是需要思考和解决的问题，而这也正是创客联盟成立的初衷所在。

深圳创客联盟的召集人、互联网银行平台创始人林立人先生在接受记者采访时表示，他本人也是一名"老创客"，之所以与多位创客人士发起联合倡议，自发成立属于广大创客自己的联盟，主要目的就是为创客运动正名，让广大创客共同发出时代最强音。林立人先生进一步阐明，由于当前的创客空间同质化趋势严重，所以才会萌生组织一个统一联盟的想法，希望借此搭建一条创客与创客空间的桥梁，构建创客与孵化器之间的纽带，使广大创客能够反客为主，在未来各方面的合作中占据主动、达成共赢。

在2015年的"两会"期间，深圳市提出了"四创联动"的发展理念，将创新、创业、创投和创客放在了同等重要的地位上，此举进一步优化了深圳市的创客发展环境。创客联盟的成立，也可以说是对这一发展理念的积极响应。

深圳创客联盟在成立时，聘请了深圳大学教授、香港理工大学创业导师何敏，途马CEO肖滔，中兴通讯项目负责人侯庆文，腾讯云高级运营经理马治坤，中创国投创始人喻涛等5人组成了创客联盟的导师团队，指导整个联盟的后续活动。

在深圳创客联盟成立大会的现场，全体参与者还共同宣读了创客联盟宣言，内容如下：

第❶章 创客运动正风靡全球

写在深圳创客联盟成立之际

历史为先辈们书写,未来由创造者开启!

公元2015年为公历平年,全年共365天,但这一年的每一天都注定不会太平凡。人民总理一把柴火,点燃了"大众创业、人人创新"的时代巨炉,一个叫"创客"的新物种,在中华大地上横空出世。本应起于青萍之末,却受尽万般宠爱;本该长于草莽之间,却登上了大雅之堂。创客的人生就这样被组织、被创新、被孵化、被辅导、被创投、被服务、被代言。

今天,我们会聚在一起,发起成立属于自己的联盟。我们想大声对你们说:

我们是创客,更是未来的创造者;

我们是国家的主人,用创新为中华复兴发出最强音;

我们是城市的主人,用创意来实现美好生活;

我们是社会的主人,用创业来提升社群福祉;

我们是命运的主人,在非诗时代挺直理想的桅杆;

我们不惧怕风雨,不喜欢被认养;

我们无所谓失败,自己来定义价值;

我们认真相信梦想,率真思考未来,脚踏实地,在九死一生而又无怨无悔的创业路上昂首前行。

创客不是客,未来不是梦,感谢一路有您!

2015年6月10日

深圳创客联盟的成立,标志着我国创客运动的开展已经由量变产生了质变。个人创客和创客组织之间有一种全新的渠道加以对接，使个人及组织的创新创造活动能够得到更多来自各方的支持，让全体创客运动能够以更快的速度、更紧密的形式、更合理的布局不断开展下去。

3.Maker Faire：创意嘉年华

Maker Faire，是由美国Make杂志社举办的，属于全世界创客们的DIY大聚会，它是一个展示创意、创新与创造的舞台，也是一个宣扬创客文化的庆典。

自2006年首届Maker Faire在美国旧金山举办以来，这一创客聚会活动已经走过了十个年头。在这十年间，Maker Faire的足迹也逐渐遍布全球，美国、加拿大、英国、日本、埃及……遍布各大洲的国家都举办了不同规模的聚会。2014年4月6日，Maker Faire落户中国深圳，为广大中国创客提供了一个展示自我的舞台。时隔一年之后，随着深圳创客联盟的成立，深圳的创客环境更加成熟，Maker Faire于6月19日再次开幕，相比上一年，2015年的深圳Maker Faire规模更大、参与者更多、现场气氛更加活跃。

在国外举办的Maker Faire我们难以企及，那么在深圳举办的Maker Faire是怎样一番景象呢？下面让我们一睹为快。

2015年6月19日的深圳南山区软件产业园，尽管室外的气温高达34摄氏度，但在此举办的Maker Faire还是吸引了数万人的踊跃参与。此次盛会占地达15万平方米，为期3天且完全免费对公众开放。而来自各方的创客作品，更是让人看得眼花缭乱。

机器人外骨骼

这一作品是一款高达2.8米的由人进行操控的外骨骼装甲，通过机器框架将人体包裹起来，可以根据四肢的摆动而行动，并且能够将四肢的力量成倍放大。

该作品的研发者是两位来自日本的青年，他们还为此成立了一个工作室，而这已经是他们推出的第五代外骨骼装甲了。同第一代作品相比，这款作品更容易穿戴，重量仅为40公斤，续航时间能够达到1小时左右。

CoffeeBots

在此次深圳Maker Faire中，不仅有各类创意作品，还有专门负责教授创意制作的展位，CoffeeBots是其中比较有代表性的一个。CoffeeBots旨在教会人们如何用家里的废旧物品去制作简易的机器人玩具，咖啡罐、晾衣夹、软木塞等等，都能够成为创意机器人的原材料。

CoffeeBots项目的创始人朱迪·卡斯特洛（Judy Castro）表示，即便只是一个小朋友，也能在8个小时左右完成原材料的处理和再编程，使机器人都能顺利行走。只要有兴趣，都可以在他们的项目网站上下载机器人的程序代码和制作教程。

节能车和无人车

在中国开展的Maker Faire盛会，自然不能少了中国创客们的身影。

"我们制作的电力车，1度电能跑300公里。"湖南大学的大二学生伍庭阳在接受采访时说道。这款节能车是伍庭阳所在的大学社团共同制作的，用来参加本田公司举办的一项节能汽车比赛，这种椭圆形的节能车只能乘坐一个人，但跑起来可丝毫不含糊。

比起接地气的节能车，另一个展位的无人车则更加"高大上"一些。这款无人车是由万科和上海交通大学的智能车实验室合作制作的，从外观来看要比普通轿车更高更宽，整体尺寸和普通的SUV较为接近。无人车内没有驾驶席，只有两排相对的乘客座位，在两排座椅之间还有一台显示屏，可以通过地图显示车辆目前的位置以及车内的视频监控画面等。

目前，这款无人车已经在万科东莞的园区内投入使用。相关研发人员透露，这款无人车比谷歌研发的无人车更"简单"一些，由于在使用场景中的线路是相对固定的，所以并未配备激光雷达和感应器等智能设备。

在这届深圳Maker Faire上，著名的"硅谷预言家"凯文·凯利（Kevin Kelly）也来到了活动现场，在接受采访时他谈道："很长时间以来，人们都在问我继Twitter、Facebook之后的下一个大趋势是什么，我跟他们说我也不知道，但我现在觉得是大规模协作，因为这让全球的产品迭代变得更加快速。然后这些原本从工程师中开始的事情，将会进入到传统行业、商业公司、法律等领域。"

与上一届深圳Maker Faire相比，2015年深圳Maker Faire在各方面都取得了长足的进步，具体有以下变化：（1）规模更大，数量更多，无论是参展方、观众还是场外媒体，数量都显著增加；（2）政府的支持力度更大，有多个国家副部长级别的领导和市长出席了创客周，深圳政府也在安防、场地等方面积极投入、全力配合；（3）来自国外的参与者更多，据统计，本届深圳Maker Faire中，国外创客占据了四成左右，许多遥远国度的创客都组团来参与；（4）参与者的年龄分布更广，除了作为创客主力的中青年外，在现场还能看到许多"老年创客"和"小学生创客"。

深圳Maker Faire取得的进步让人振奋，但也需要清醒地看到，与欧美发达国家举办的Maker Faire相比，"中国版"Maker Faire还有很大的不足与进步空间：（1）影响力相对较小，尽管此次深圳Maker Faire的规模急速扩张，但是主要的参与者仍然是圈内人士或深圳本地人，许多普通人并未知晓这一活动；（2）创意产品不够多，在本届深圳Maker Faire上，许多让人眼前一亮的创意产品都是来自于国外的创客朋友们，国内创作者们的"脑洞"还不够大，在创新思维和制作能力上还存在差距；（3）创客的整体文化氛围较弱，国外的Maker Faire更多的是强调创新和亲手制作，普通人的参与度更高，而国内的Maker Faire参与的智能硬件公司的产品更多，商业化要素更浓。

无论如何，原本作为创客们盛会的Maker Faire正在不断地自我进化，不断尝试走向世界的每一个角落，让更多的人愿意亲身参与其中。随着Maker Faire的普及度不断提高，这一创意嘉年华将不再只是创客们自娱自乐的舞台，而是成为全民狂欢的活动盛宴。

4.创客类节目精彩纷呈

当一种新事物频繁地登上公众媒体，往往标志着这一新事物开始进入广大公众的视线，成为一种普及化的、被广泛认可的新趋势。自2014年以来，创客在国内的热度就在不断升温，与此同时，各类创客类节目也在各个平台上纷纷推出。

目前，在各类媒体上有哪些较为成功的创客类节目呢？让我们举例说明。

《发现双创之星》

《发现双创之星》是由中国政府网和中国网络电视台联合发起的一个大型主题系列活动，为的是响应政府大众创业、万众创新的号召，通过讲述双创好故事为广大中国创客搭建思想交流的平台、创意诞生的襁褓、匠人技能的舞台、梦想实现的工场。

在《发现双创之星》的官网上，主要分为以下几个模块：

创客说：其中主要分享了许多国内知名创客或创客组织的领导者对于创客的环境、文化、思维等各方面的观点。

媒体报道：其中主要是央视等主流媒体对于创客政策的解读和创客活动的现场报道等。

创客导师：汇聚了徐小平、柳传志、董明珠、俞敏洪、李书福等知名人士组成的强大的导师团队。

创客墙：介绍了一些知名创客的事业足迹。

在《发现双创之星》的官网上，还可以随时查阅以往举办的现场活动、名人专访等视频资料，用以回顾学习。

《发现双创之星》可以说是一个为广大创客设计的综合类平台，在其中广大创客不仅能够详细了解到国内的创客环境、事迹等信息，还可以随时报名，发表自己的创意作品。

《创客星球》

《创客星球》是一档原创的电视节目，于2014年7月13日正式登陆第一财经和宁夏卫视等频道。而《创客星球》的最大特色，就是创客不仅可以在公众面前展示自己的创意产品，还可以借此发起众筹项目，有机会和重量级的企业大佬、投机机构进行深入交流，获取更多的作品曝光机会乃至巨额投资。

《创客星球》的制片人茹晨表示："《创客星球》的节目宗旨是点燃创造的力量，这是一个人物个性鲜明、产品新奇炫酷、倡导前沿科技的新栏目。"《创客星球》将创客与投资者齐聚一堂，让最富有创造力和创新精神的项目能够顺利实现其商业价值。全球最小的开源航拍飞行器、操作简单的3D打印笔、智能家居套装、Q版蒸汽朋友手办等，都是《创客星球》节目中涌现的优秀项目。

《创客星球》的导演王星说："我们希望把创客这个特别群体的梦想展现给大家，为这些梦想着改变世界、改变生活的人们喝彩。"《创客星球》不仅让创客们拥有了展现梦想的平台，也提供了强劲的实现梦想的支持力量。

除了上述两个大型的创客节目外,许多地方卫视也纷纷推出了具备特色的创客节目。

《创客季》

《创客季》是由北京银行与北京电视台财经频道打造的财经真人秀节目,于2015年5月30日开播。《创客季》共有5集,主要讲述了五位创客在创业过程中的艰难、感动以及寻求金融支持的重要性。

《跃龙门·创客赢》

《跃龙门·创客赢》是由青岛市人社局、青岛市广播电视台等单位联合打造的大型创投节目,于2015年9月正式开播。该节目面向青岛创客团队和全国优秀的创客们,通过创业VCR展示、现场路演、专家交锋、导师咨询、机构评价、投资表决等环节,为创客团队和投资机构提供充分的信息交流与互动平台,挖掘创客的潜力。

《创客时代》

《创客时代》是由陕西广播电视台打造的全媒体创业创新实战节目,通过传播创客的理念和生活方式,让更多的人能够走近创客文化和创客精神,挖掘出更多富有创意的作品。《创客时代》开设了"创头条"、"创投会"、"创词典"等主题板块,以"创业娱乐"作为主基调,鼓励和激发创客们的创造活力,引导广大创客互相分享经验。

随着创客运动在国内进一步普及和发展,各类精彩的创客节目也会不断涌现。创客运动和创客节目也会以更加紧密的方式,发挥相互促进的作用,不仅为广大创客创造更好的环境和条件,也将带动更多的普通人走进创客们的世界,让创客文化逐渐成为一种流行文化。

第 2 章

创客，"玩"的就是创意　　Go

创客的核心就是创意，只有玩转创意，才能够自豪地标榜为创客。无论是大规模的创新，还是小规模的改良，只要创造出了新事物，带来了效率或体验上的改善，那么都是成功的创客。创客究竟离我们有多远？整个领域的发展现状又是怎样的？下面就让我们走进创客的世界。

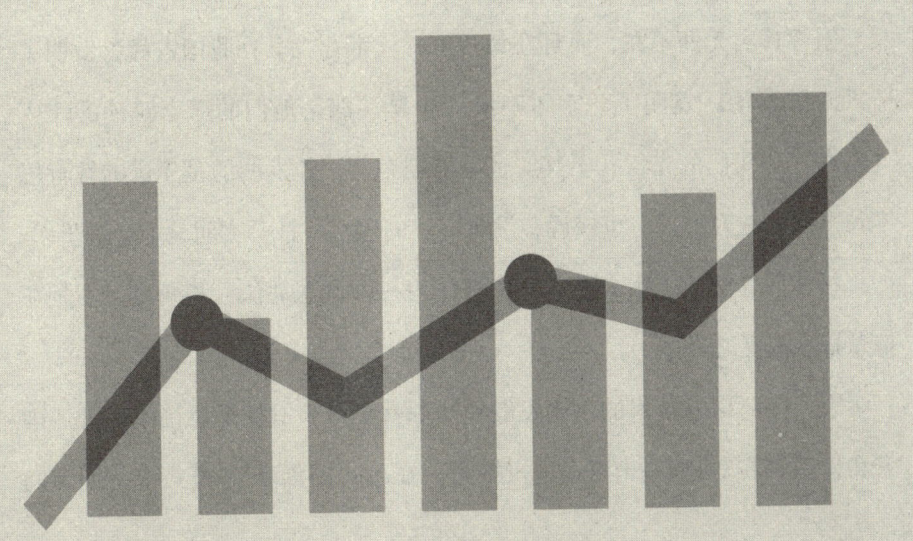

1.创客的起源和发展

究竟什么是创客？这其实是一个很难准确定义的概念。

创客一词来源于英语中的"Maker"，它是对一类群体的称呼，最初用于指代那些不以盈利为目标，努力把各种创意变为现实的人。同时，创客也指具备某种精神状态的人群，他们对创新有着异乎寻常的执着，为追求创新甘愿付出一切，而对一些缺乏创意的想法或事物不屑一顾。

而如今，创客概念的范围进一步扩大，未必是创造实体事物或具备高科技含量的事物的人才被称为创客。只要具备创新性，无论是提出一种全新的理念，或是推出一种全新的模式，都可以称之为创客。

创客其实无处不在，而且在每一个时代都存在。在我国古代，发明了造纸术的蔡伦，发明了活字印刷术的毕昇，都是他们的那个时代的伟大"创客"。我们的先哲孔子其实也是"创客"，他发明的是先进的教育思维和丰富的教育形式。可以说，没有创客的存在，社会文明就不会进步。

尽管创客实质上由来已久，但其作为一种概念被认可和研究，则是在信息技术成熟之后了。

为了应对信息技术的蓬勃发展和知识社会带来的机遇及挑战，许多国家和地区都在对创新2.0模式进行探索。在过去的创新1.0模式中，创新的起点和动力是科研实验室，或是企业中的研发人员或研发部门。创新被认为是一种技术人才才能驾驭，与普通大众毫无关系的高端领域。但在创新2.0模式下，这种观念将被彻底颠覆。

1998年，尼尔·哥申菲尔德（Neil Gershenfeld）教授在MIT开设了一门名为"如何能够创造任何东西"的课程，受到了极大的欢迎。在这门课上，没有充足技术经验的学生也能够创造出许多让人印象深刻的作品。而学生们的创造热情也使哥申菲尔德教授备受鼓舞，他认为，与其让人们接受科学知识，不如给他们相应的设备和工具，相关的知识和技能，以让他们能够自己来发现科学，这样更能够实现随心所欲的个性化目标。

在这一理念下，2001年，由麻省理工学院比特和原子研究中心发起，美国国家科学基金会拨款，在波士顿建立了第一个Fab Lab。Fab Lab是一个快速创造原型的平台，用户可以通过Fab Lab提供的设施、硬件及材料，来实现他们想象中的产品的创意、设计和制造的全过程，旨在提供完成低成本制造实验的所需条件。

这一理念很快在世界范围内得到扩散，截至2008年底，全球已经陆续建立了30多个类似理念的实验室。这不仅使"个人设计、个人制造"的理念越来越深入人心，也激发了创客运动的蓬勃发展。

Fab Lab为创客运动的兴起做了一个很好的起步，但并不是所有的人都能享受到Fab Lab的资源，更多的潜在创客们唯有靠自有的条件和资源来实现创意。这些个人创客们大多以自己的兴趣和追求为动力，在各个领域中推出各种发明创造。而他们的行动，也使得创客精神在世界范围内得以传播，越来越多的创客也随之涌现。

然而，个人创客的力量始终是有限的，在创意、技术、资源上必然会存在一定的限制。于是，一些志同道合的创客们可以相互沟通合作，共享技术和资源等。这些创客组织的出现，大幅强化了创客的创新力量，不仅使更多绝妙的创意得以诞生，也使创意的完成速度和质量得以提升。

创客运动的发展历程

第一阶段	Fab Lab展示创客理念	创客运动开始兴起
第二阶段	创客数量急速增长	创客逐渐成为一种大众化运动思潮
第三阶段	创客形成组织化	创客之间开始寻求交流、合作和共享，加强了个人创造力

经历了三个阶段的发展，创客已经从遥不可及的概念成为了一种为人关注的理念。发明创造不应只存在于拥有昂贵设备的研究所或大学实验室，也不应只有少数专业科研人员所负责，任何人在任何地方均有机会完成，这正是创客的理念，也是创客运动的魅力所在。在未来，创客们可能不光要以自己的兴趣和追求而行动，还需要更好地同商业模式对接，以更好地实现发明创造的价值。

2.我国的"创客地图"

在国外,创客已经成为了一股势不可挡的"新兴势力",各类创客作品和创客组织层出不穷,且往往都能够成为公众瞩目的焦点,释放出自己的价值和活力。与国外的创客发展态势相比,国内的创客发展现状还显得相当"稚嫩",创客组织主要集中于少数大城市之中,曝光率还极其有限。其中,深圳、上海和北京是创客圈子最为繁荣,创客气息最为浓厚的三大"创客城市"。而这三大创客中心,也肩负着引领国内创客潮流的使命,共同描绘属于中国的"创客地图"。

深圳:属于创客的天堂

在国内三大创客中心中,深圳是"创客产业链"最为完善的城市。在这里,即便是孤身一人的个人创客,也能够完成从产品原型到成品再到小批量生产的全过程。深圳既有创业氛围浓厚的柴火创客空间,也有Haxlr8这样的硬件加速孵化器,同时还有Seeed Studio这样的为创客提供小批量生产的组织,对广大创客们来说,这里就是一个所有需求都能一一得以满足的天堂。

在这样一条完整的"创客产业链"的支持下,深圳的创客氛围火热异常,最直观的表现是,有大量来自原本创客圈子之外的"冒险者",对创

人人可以做创客 RENREN KEYI ZUO CHUANGKE

客文化和创客活动背后潜在的创业机遇产生了非比寻常的狂热，积极加入到了创客圈子中，进一步推动了深圳"创客产业链"的规模增长和层次升级。

深圳独特的创客创业土壤不仅吸引了大量国内的创客，许多来自国外，甚至来自硅谷的创客们也选择将深圳作为实现自己创业梦的基地。

来自美国的扎克·史密斯（Zach Smith）是家用3D打印机公司Makerbot的联合创始人，于2013年5月来到深圳，负责运营硬件加速孵化器Haxlr8。Haxlr8的孵化周期为3个月：第一个月评估创业团队的产品以及产品的潜在市场，指导团队寻找正确的市场方向；第二个月帮助创业团队开发产品，指导设计和生产；第三个月帮助创业团队进行推广，并在美国展示以获取融资。

除了类似于Haxlr8这样的硬件加速孵化器外，一些来自硅谷的冒险家也纷纷来到深圳充当"掮客"角色。比如，当某个项目登上了美国众筹平台Kickstarter并筹资成功后，这些"掮客"便会主动联系项目团队，询问其是否需要帮忙联系在深圳的工厂进行产品的代工生产。

国外的创客们之所以选择来深圳"扎根"，主要源自于创客的基本思维，即完成最终的成品。产品的创意可以在任何地点完成，但是一旦涉及到原型产品的制作或是小批量生产，这些国外创客们发现自己所需的各种原件几乎都来自于深圳，于是干脆选择常驻深圳，因为这里有低廉的原材料和较为成熟的产业链作为支持。

Seeed Studio是深圳成为全球创客青睐之地的另一大原因，Seeed Studio的定位是做创客们的"军火商"，为广大创客提供更便宜的产品元件。目前，Seeed Studio已经成为了全球第三大开源产品的销售商。Seeed Studio的领导者潘昊认为，Seeed Studio与Haxlr8等硬件加速孵化器呈现的是互补关系，专注的是大多数创客所需的小批量生产，如果对方的生产批量过大，Seeed Studio会建议其寻找大厂去生产。

深圳"创客产业链"的影响力在不断加大，并开始影响到当地的制造业生态。创客活动正不断对接着更庞大的商业资源，这也将成为深圳创客文化带动制造业转型的一个缩影。

上海：坚守创客本质

从时间上来看，创客在上海的发展要更早于深圳，可谓全国"第一号"。但是同深圳创客圈不断扩张、不断探索的积极态势相比，上海创客圈更显得"气定神闲"，更多地立足于非商业层面，这从两地的代表性创客群体的差别中可见一斑。

与深圳创客的代表人物潘昊所具备的创业者特质相比，上海创客空间——新车间的创始人李大维将创客活动更多地看作一种"玩乐"。深圳的柴火创客空间热火朝天地研发智能手环等高端的可穿戴设备，而新车间研发的却是"鱼菜共生"这一很不起眼的项目：在鱼缸上面种蔬菜以形成自然循环，产出原生态的有机食材。

研发项目的巨大差异背后，反映出的是两地创客组织对于创客活动的不同态度。上海的创客空间中，几乎有一半以上都是外国人，受到传统创客文化的影响，他们更多的是将创客活动看作一种兴趣和爱好，将创客空间看作工作之余的"游乐场"。"新我可穿戴"的创始人高磊曾经也是上海新车间的一员，在回忆过去的创客生活时，他说道："当时在上海新车间的日子是非常开心的，真的是有那种做东西的氛围，小孩也好、没有专业背景的也好、大公司里专业的工程师也好，都会来到这里共享和碰撞，热心地帮助其他人做东西，那种氛围是全国创客空间中最棒的。"

为了保持上海新车间这种最纯粹的创客文化，李大维甚至将一些想要创业的个人或团队都请了出去，主动将其介绍给一些支持商业运作的创客平台进行合作。"我还是希望新车间成为一个大家可以开开心心做东西的交流场所，商业化的事情有人、有平台去做了，我也没必要去介入。"李大维说道。

总体来说，上海的创客文化还是更倾向于吸引更多的普通人成为创客。国内的创客环境目前还是处于初级阶段，只有让更多的人加入进来，创客才能真正成为一股产业力量乃至社会思潮，进而更快更好地发展。与当前的创客创业热潮保持适当的距离，才能够更好地引导国内创客浪潮，使之更稳健、更成熟。

北京：跨界融合追寻创客价值

与深圳完善的"创客产业链"和上海回归本质的创客文化不同，北京的创客圈更多的是在跨界融合中追寻自身的价值。

随着"互联网+"概念被正式提出，北京成为了中国"互联网+"的中心，积累了大量的高级人才，同时高校云集、文化氛围优良的北京也拥有着极为丰富的人才储备资源，当人才"遭遇"创客，擦出的火花便点燃了一些独特的价值。

北京创客空间的创始人王盛林表示："创客的本质就应该是一种跨界的思维碰撞，不同背景和领域的人相互取长补短，才能产生非常规的创新。"按照王盛林的设想，将北京的众多建筑师、设计师和艺术家聚合起来，做一些实体项目，而不是仅仅局限于狭隘的硬件创业，将会产生更大更多的机会。王盛林本人也是一位"跨界者"，他本身并非技术者出身，曾经读的是商学院，他在乌克兰教过书，与艺术圈和电影界也有一定联系，还善于与中关村管委会等政府机构进行洽谈，整合商业资源。创始人的跨界多样性也是北京创客空间独特风格的成因之一。

在北京创客空间的发展理念中，创客不能只是一群狭隘的、热衷于"折腾"硬件的工程师，而是应该吸引更多的跨界人才参与进来，促成一种开放式的交流。为了铸就一个更具吸引力的环境，北京创客空间也做了许多举措。比如，向中关村管委会申请了价值达200多万元的3D打印机等设备，举办面向菜鸟的创客工作室和参加尤伦斯艺术中心的艺术展来寻求跨界人才和资源，等等。

对于北京创客空间来说，其目标不仅是成为一个针对创客的孵化器，还要帮助更多的普通群体做出同样优秀的创意作品，通过不同领域的跨界融合催生出更伟大的创新。多元、分享和跨界是创客们应当具备的基本精神，对于迈入红海的创客们来说，如果能以跨界思维去重新定位，完全有可能"柳暗花明又一村"，完成从红海到蓝海的跨越。

以深圳、上海、北京为中心的创客发展，共同演绎了一场国内创客运动的"三城记"，而随着社会化创新趋势的加剧，这股创客热潮也逐渐开始向全国扩散。如今，南京、杭州等一线城市的创客组织也正在纷纷创立。相信在不远的将来，国内的创客运动将由点及线，由线及面，最终成为一张遍布全国的完整的"创客地图"。

3.创客，是一种信仰

创客，不仅是对一个"玩转创意"的群体的称呼，同时也代表了一种信仰。对于以创客自居的人士来说，他们一切行动的根源都是为了不断发掘极富创意的新想法，并将想法转变为现实。说得更极端一些，对于创客们来说，"要么创新，要么死亡"。

创新精神人皆有之，世界上的每一个人都一定拥有或曾经拥有至少一个想要去实现的创新梦想。但是对于创客们来说，创新精神是一种思维常态，已经深入到他们的骨髓与灵魂。他们不仅拥有着常人想不到、不敢想的伟大创意，而且还能将这些创意不断升级、不断扩展，让它们变得更新、更潮，并且在任何情况下都坚定不移地追求创新，永不气馁。创新就是创客们的信仰，而正是因为这一信仰，才使无数的创客能够在这个物欲横流的世界中静下心来去做自己真正喜欢的、感兴趣的事情。

在白宫发布的《美国创新战略》中，对"创新"一词进行了全新解读："创新是一个人或一个机构提出一个新的主意并将其付诸实践的过程。"这为创新赋予了新的时代含义，创新不仅是一个"动脑"的过程，更是一个"动手"的过程。创新的新涵义不仅为广大创客明确了使命，也

第 ❷ 章 创客，"玩"的就是创意

切合了他们的信仰。一个真正的创客，不仅要具备灵活的大脑，还要具备超强的动手能力。既要熟悉操作各类计算机软件进行设计，又要能够将各类硬件进行组合制作。总而言之，创客必须是"全能"的人才。

那么，具备了好的想法，同时具备将想法变为现实的实践能力，就是一名具备崇高信仰的创客了吗？具备这些因素还不够。一个真正的创客，必须将发掘创新、实现创新内化为自己的生活常态，使之成为自己人生的一部分，这既是他们的兴趣，也是他们的理想，不会因为各种现实环境的变迁就随意地让梦想搁浅。看遍古今中外，凡是优秀的创客，必然对某个领域、某件作品有着近乎疯狂的痴迷和执着，他们会尽一切可能追求极致。他们只因自己的追求而行动，他们只为自己想看到的结果而雀跃，即便没能取得显著的经济效益或社会效益也毫不在意。

创客们不断地追寻和实现创新的最根源的因素是为了享受创新过程中的乐趣，是为了体验前所未有的成就感而去努力创造。因此，创客们在成功完成一个创新项目时，不是第一时间就去注册专利或是谋求商业利益，而是主动与人分享成功的喜悦，寻找志同道合的知音。一个具备崇高信仰的创客，不会严守自己的成功秘密，相反，他们会心甘情愿地将自己成功道路上的经验和教训都分享给拥有相同理想的小伙伴们，让他们能够在创作的过程中少走弯路，更快地向成功迈进。网络时代的全新工具也为广大创客提供了方便快捷的分享渠道，而现实世界中的创意也因这种分享得以不断地扩散和延展。

创客，就是拥有信仰的伟大创新者，就是伟大创新者始终笃信的信仰。他们以创新为己任，以兴趣为原动力，面对挫折也毫不退缩；他们以创新来实现理想、获取成就感，而不是追随商业利益。他们不愿做小气的

"守财奴",而是更愿意成为乐善好施的"慈善家",毫无保留地向创客同志们展示自己的"成功秘笈"。因为他们的共同理想,就是让更多更好的创意不断涌现。"创客"一词,不仅代表了创新的能力,同时还代表了创新的信仰。

4.创客vs黑客vs极客

在谈及创客的时候，有时难以避免地会牵扯到两个相近的群体，一个是黑客，另一个是极客。而这三类群体，也有着许多相似相通之处。无论是黑客、极客还是创客，无一例外都是创新的追随者和推崇者，他们倡导开放共享，蔑视固步自封，希望以自己的努力和创意让世界更便利，推动整个时代的进步。但是，在具体的思维和行为方式上，三类群体之间也有着明显的差异。

黑客（Hacker）

首先需要明确的是，黑客（Hacker）与骇客（Cracker）是两个不同的概念。骇客是指精通程序和网络技术，并借此对电脑系统实施恶意攻击和破坏行为的群体。而黑客则是指精通编程和网络技术，并深层次地研究基础技术架构的群体，他们行动的基本原则是创造而非破坏。实际上，许多专注于技术研究的高级程序员，都可以称之为"黑客"。

黑客们的行动造就了计算机领域和网络领域的诸多基础架构，比如互联网、电子邮件、网络协议等，都是由黑客推动的，而这些如今也已成为人们生活中所依赖的事物。再后来，黑客们又发起了自由软件运动和开源软件运动，大幅改变了软件领域的基本规则和面貌，这也成为了极客和创客活动中的基础元素之一。

现代社会的黑客，具备如下特征：他们热衷于编程，信仰以自由和分享为核心的黑客文化，严格遵从黑客伦理和开源软件开发原则，积极投入到开源软件的开发行动中。他们以自身的需求为出发点，去改变当前软件的某些功能，或是添加更加便捷、人性化的设计。可以说，黑客的行动是推动时代进步的重要动力之一。

极客（Geek）

通常意义上，极客是指这样一类群体：他们不仅从事着和计算机及网络息息相关的工作或事业，在业余时间也同样喜欢钻研计算机技术，泡在网络世界中。极客可以是技术达人也可以不是技术达人，但一定要对计算机相关技术有着非比寻常的偏爱，他们把大量的时间花费在计算机网络中，以寻找或创作各种新奇的事物为乐。我们所熟知的计算机巨头或是网络巨头，比如比尔·盖茨、史蒂夫·乔布斯、马克·扎克伯格等，都是极客的代表人物。

同样是计算机和网络领域的技术创新追随者，极客和黑客最大的不同点在于黑客追求的是纯粹的技术上的创新，但极客追求的却是一种"酷"的感觉，技术创新只是他们追求"酷"这一目标过程中的一个层面或一种方式。甚至可以说，极客们的活动是一场秀，从技术层面上看未必很高超，但必须取得使人眼前一亮的惊艳效果。

极客信奉的信条是：我们需要的是原创和新奇，盲目的跟随和愚昧是不可原谅的。极客所代表的，正是一个常人看起来有些"极端"的圈子。在普通人看来，极客行为反常怪异，对新奇事物有着近乎疯狂的执着。不过，也正是由于这种"极端"的追求，才使得极客圈子中涌现了许多鬼才和怪才。

创客（Maker）

如果要简单归纳创客不同于黑客与极客的最大特征，那就是"源于生活的DIY"。创客也是追求创意的群体，但是他们所追求的创意范围更为广泛，不只是局限在计算机和网络相关领域，而是扩展到硬件，扩展到生活中的方方面面。创客们未必需要拥有高超的技术，也未必需要自己去钻研基层技术，他们可以用创造性的思维去组合和改造现有技术，使之成为创意作品的基础。创客作品未必包含极高的技术含量，但可以凭借宽泛的技术和贴合现实的出发点而拥有极强的适应性。

所以，创客的来源要比黑客和极客更为广泛。黑客和极客的圈子中，几乎是由高级工程师、技术人员组成的。但是创客圈子不同，无论是具备一定技术基础的人，还是完完全全的普通人，甚至是老人和小孩，都有可能成为创客，创造出属于自己的作品。

总体而言，黑客、极客和创客虽然都是追求创新的群体，但是在创新的动机和形式上有着显著的区别，如下表所示。

	创新动机	创新形式
黑客	源于自身的需求	集中在编程和软件领域
极客	源于对"酷"的追求	集中在计算机和网络领域
创客	源于头脑中的创意	以生活为基础，涉及到任何方向上的创新

同时，在一定的领域和条件下，黑客、极客和创客也是可以相互转化的，一个人在不同的阶段、不同的创新目标下，完全有可能扮演三种不同的角色。

人人可以做创客 RENREN KEYI ZUO CHUANGKE

　　无论是黑客、极客还是创客，都应该明确自身的圈子特质，遵循特有的文化和原则。但同时，也不要被其所局限，不要人为地制造"壁垒"，黑客、极客和创客各自的行动，对彼此都有不同程度的促进和启发作用。在追求创新的终极目标下，没有绝对的彼此之分。

第3章

全民创客运动缘何爆发？

任何一种新事物的兴起，都必然有着特定的原因，无论是主观上自身发展的成熟，还是客观上环境机遇的出现，都是不可或缺的。创客由来已久，每个时代都有属于自己的创客，但不同的是，在这个互联网时代，创客运动成为了全民参与的"潮流"。全民创客运动的爆发，自然与时代环境有着千丝万缕的联系。

1.信息爆炸成为灵感源泉

创意是创客运动开启的源泉，创客们的一切行为，都是为了实现脑海中的创意，如果失去了创意，创客将会"英雄无用武之地"。互联网时代是一个前所未有的创新时代，创意的数量、规模、范围空前膨胀，而正是由于存在数不胜数的好创意，才使得创客数量激增，创客运动高涨。

在过去，创新往往来自于一个行业中的高级技术人员或是穷究某一领域的人才，但是从数量上来说，这类群体是比较少的，再加之受到行业思维的束缚，很容易陷入创新瓶颈。而在互联网时代，由于信息大爆炸，使得许多有创意的普通人也可以随时查阅资料，交流想法，从而完善自己的创意，启发自己的创意。同时，大量大大小小的不同创意相互碰撞，相互补充，也能擦出更多创意的火花。

互联网时代的信息爆炸，提供了一个源源不断的灵感源泉，任何一个人都可以借此寻找和启发创意，发现创新的目标和方向。

以往的创新模式，就像是"关在实验室里做研究"，创意的来源主要是创新者个人的学识和经验。因此，对于广大普通人来说，其创意往往极其有限，即便是灵光一闪找到了一个好创意，可能也没有足够坚实的理论基础来使之完善。因而，创新就被许多普通人视为了与自己无缘之物。

此外，传统创新模式中的信息闭塞，也严重影响了创新的效率。由于所有人都埋头于自己的研究，因此无法得知自己的创意是否真的具备新意，不知道相同或相似的创意是否早已被其他人所实现。花费宝贵的时间与精力结果创作出的却是一个"山寨"作品，无疑会让人沮丧万分。而当在完善和实现创意的过程中遭遇瓶颈时，只是一个人苦苦思索、不断实践，很难顺利取得突破，俗话说"术业有专攻"，你感觉很困难的问题也许其他人能够很轻易地解决，但在信息交流不便的时代很难达成这种交流。

互联网时代的信息爆炸，对于创新者来说解决了三个问题：

一是信息沟通的时间和空间问题。 通过互联网信息工具，既可以选择即时交流，也可以选择非即时交流；既可以选择语音交流，也可以选择书面文字交流。而且不管在任何时间和地点，都可以第一时间将想法或问题传递给对方，并以最短时间取得对方的回复。

二是大范围的陌生交流问题。 传统的信息交流方式，往往只局限在熟人之间，如果你不知道对方的联系方式，便很难与其取得交流。同时，除了当面交流外，基本上只能选择一对一的交流方式，效率比较低下。但在互联网世界中，这些问题都不复存在。即便你完全不认识对方，也可以通过对方留下的各类沟通工具的账号信息随时与其取得联系。比如，某人在微博里发表了一篇很有想法的文章，那么你就可以直接通过微博账号与其取得联系。而通过QQ群、微信群等交流工具，还可以实现大范围的交流，随时开启一场盛大的"研讨会"，提升交流效率。

三是信息的存储和搜索问题。 在传统的信息沟通方式中，很难将重要信息进行筛选、整合和记录。特别是一些涉及到技术、操作类的信息，可能需要随时查阅和回顾，但是通过传统的沟通方式很难便利地达成这一目的。而互联网则为所有网络用户都提供了一个几乎无止境的"数据库"，在网络世界中，任何人的意见和想法都可以通过文字、语音或视频的形式长时间、低成本地保存，随时供有兴趣、有需要的人进行搜索和查阅。在互联网时代，知识更多是由搜索而非积累得来的，在信息丰富的网络世界中，有时即便不去寻求"高人"的帮助，仅仅通过自发的搜索也能够"答疑解惑"。

互联网时代的信息爆炸，对于创意的数量和质量提升都产生了显而易见的作用。更关键的是，丰富的信息渠道使得广大普通群体也能够得到理论上的启发和支持，成为创意的发现者，这为全民创客运动的爆发奠定了基础。

2.开源精神和开源工具成为创新温床

什么是开源？我们可以通过一些类比来理解：假如某一位大厨将自己的秘制菜谱发表出来，让所有人都能够按照菜谱做出这道菜，这一行为就相当于是"开源"的。

开源代表的是一种分享的思维和文化，广义的开源精神由来已久，比如牛顿在发现了万有引力后，没有选择注册专利，而是选择了将之归纳和发表，让更多的学者能够更方便地对其进行验证和研究。

开源对于创新的推动力是巨大的，它使得一种具备广泛适用性的工具不只是把持在个人手中，而是让更多的人参与进来将之完善，或是以其为基础产生新的创新。虽然从个人或个体组织看来，这种分享行为会使其失去一种"垄断性"的利益来源，但是从全局角度来看，则能使整个领域取得突飞猛进的进化。就拿大厨发表自己的菜谱为例，如果他"独占"这一菜谱，自然能够以此牟利，但是通过公开菜谱，不仅能使更多热爱烹饪的人学会这一道菜，还能够根据不同地域的饮食文化对菜谱进行针对性改造，从而诞生出更多美食。

开源精神，可以用三个关键词进行概括：拿来主义、参与、分享。在开源的世界里，你不能只是埋头于自己的研究，而是应当主动接触外界的先进想法，使其能为自己所用，这样才能用更高的效率实现自己的开源项目；在开源精神的指导下，参与比主导更重要，不要总想着由自己去主导一个项目，发现一个自己感兴趣的好项目并为之作出贡献可能是更好的选择；开源精神的最核心内容，就是要分享而不要独占，只有主动地、毫无保留地分享，才是真正实现了开源，才能使开源的世界不断成长和完善。

开源精神与创客精神有许多相通之处，拿来主义、参与和分享同样是创客活动中应当遵循的指导性原则。不只是开源精神，开源工具的诞生更是对创客运动产生了最为直接的助力。

开源概念真正得到重视和总结，是以开源软件为起点的。开源软件全称是"开放源代码软件"，即软件的源代码可以直接为公众所用，且此软件的使用、修改和传播不受任何限制。开放软件的源代码，往往意味着软件的研发者对此软件不再享有绝对的控制，也难以实现一些盈利方式。最初，开源软件主要集中在非商业领域，由政府或科研设施组织研发，而如今，许多商业公司研发的软件也会根据用户需要开放部分或全部源代码，使用户能够对其进行DIY。

开源软件的出现大幅简化了软件研发的流程和难度，它就像数学领域中的公理一样，我们不需要对其进行反复论证，而是可以直接使用解决更复杂的问题。比如我们所熟知的Linux开源操作系统，至今仍然是许多软件工程师的编程首选。

开源软件为许多软件工程师打开了方便之门，对创客运动的开展也同样有着显著的促进作用。但是对于以实践创新为主的创客们来说，开源软件还远远不够，他们对于开源硬件的需求更为强烈。

所谓开源硬件，是指以与开源软件相同的设计理念和方式所研发的计算机设备或电子硬件。实际上，在计算机发展初期，很多硬件都是开源的。比如打印机、电脑等设备，其设计原理图都是公开的。但是随着商业竞争的加剧，技术专利逐渐成为企业的核心竞争力之一，于是，越来越多的企业选择了"闭源"，设置技术壁垒。而随着开源软件的兴起，越来越多的人开始思考，是否能够让硬件领域重新恢复开源，投入到开源硬件的研发中去。

与开源软件取得的成果相比，开源硬件的发展可谓举步维艰，这主要源于硬件工程和软件工程的不同研发特征。

首先，硬件研发的模块化、标准化和修改的便捷性不如软件。在软件研发中，开发者可以进行阶段性的测试，发现问题只需要通过改写代码便可以解决。但在硬件领域中，原材料的选择是十分困难和繁杂的，一个零件的选择或安装失误，可能就会毁了整个作品。

其次，硬件的开发和发布成本更高。在软件开发过程中，可以用电脑完成全部工作，不需要其他原材料的花费，主要成本集中在人力上。至于软件的发布就更简单了，如今甚至不需要光盘等载体，直接在网上就可以免费发布。而硬件领域则不同，在开发过程中原材料的成本不容忽视，可能还需要专业工厂的协助才能完成。硬件的发布也很难像软件一样足不出户就送达需要的人手中。

最后，硬件研发的门槛更高。在软件行业极度繁荣的现在，只要你有足够的兴趣和良好的学习能力，就可以通过各种线上或线下的培训成为一名合格的软件开发人员。但在硬件行业中，至今仍需要相关专业出身的人员，因为硬件设计需要扎实的理论基础，很难通过短期的学习达到足以胜任的水平。

尽管开源硬件的研发难度很高，但仍然在探索中不断前行，并且已经对创客运动产生了较为显著的影响。比如在许多创客组织中常用的开源3D打印机，为创客的创意产品实现和验证提供了极大的帮助。

而且，开源软件和开源硬件更是大幅降低了普通人实现创意的难度和门槛。比如，你有一个关于智能玩具的很棒的创意，如今不需要你再去从头开始学电路、学编程，完全可以将现成的电路板、控制程序进行适当的改造和组合，为自己所用。

开源精神和开源工具的崛起，为全民创客运动大开方便之门。在不断降低的创意实现门槛下，创新群体不必再无止境地担忧自己的学识、能力不足以完成脑中的创意，开源工具将会提供最直接、最有效的支持。

3.时代的创新需求成为强大推动力

2014年9月的夏季达沃斯论坛上,李克强总理发起了"大众创业,万众创新"的时代号召,在广袤的中国大地上引领创新潮流。

纵观人类历史,在绝大部分时期内,创新都是"小众"行为,需要"精英阶层"来发起和引导。但随着互联网时代的兴起,创新开始呈现碎片化、简单化的特征,时代对于创新需求的转变,要求大众也要积极参与到创新潮流中。

在人类历史早期,创新更多的是个人的偶然行为。在一个偶然的时期,由于一个偶然的事件,从而诞生了一个伟大的发明。例如我国古代四大发明,几乎都是由个人偶然发明并不断得以完善的。

自工业革命以来,由于生产力得到突飞猛进的增长,创新开始呈现规模化特征,由企业主导并牢牢把控。企业凭借其商业化运作,聘请大量优秀的科研人员和行业内的专业人士,投入大规模成本进行技术革新,并以此获取丰厚利润。在这一时期,虽然创新的形式发生了变化,但是创新者仍然是少数的"精英人士"。

而随着计算机技术和网络技术的兴起,社会经济形态开始剧变,投入的无形化、技术的智能化、结构的服务化,全新的经济形态特征也带来了创新的变革，大众创新开始逐渐取代精英创新。在大众创新趋势下，创新者是普通的个体，他们来源于各个行业，作为一个"创新终端"遍布全球，创新不再是"精英阶层"的专利。而随着时代发展的深化，大众创新的趋势也将愈发明显。

为什么互联网时代引发了大众创新潮流？原因主要有以下三点。

（1）劳动力资源的受教育程度普遍提升

在农业时代和工业时代，各个产业几乎都是人力密集型的，劳动力的知识水平不需要很高，能够满足单项化的工作需求即可。而在互联网时代，随着人力密集型向知识密集型的转变，各个产业对于人才的需求空前高涨。无论是国家还是个人，对于教育的重视都上升到了一个全新高度，在这种趋势下，大众的受教育水平显著提升。而通过专业知识和工作实践的结合，使得基层的劳动人员也具备了出色的创新能力。

（2）必要资源的共享化和支持化

任何创新活动，特别是高端的科研活动，不可避免地需要各类基础设施设备、仪器工具等才能开展。在工业时代，由于普通人很难接触和使用这类专业设备，因此创新能力也受到了极大限制。而在互联网经济下，分享经济迅速崛起，资源的所有者可以将闲置资源提供给需要的人，同时享有相关的创造价值。无论是个人还是组织，都可以通过这种形式实现互利共赢。此外，政府也实施了一系列举措来引导和支持大众创新，比如基础设施设备体系的建设和完善，科技资源共享政策的出台，等等。

（3）互联网的广泛性

互联网的广泛性是大众创新得以实现的核心，由于互联网使大众产生了即时化的相互联系，进而产生了一系列免费效应和增值效应，打破了许多固有的商业运作形式。在互联网思维和工具的支持下，创意的定型和实现的速度更快，融资更简单，生产更直接，市场更确定。这些转变，都使得过去在技术上和经济上都难以实现的大众创新变得可行。

大众创新的实现方式有许多种，而创客运动无疑是其中最火、最引人注目的。创客运动对于创新的形式、程度都没有明确的规定，只要你的创意足够"有趣"，即便其技术水平不高、商业价值不高也没有关系，同样能够得到创客群体的推崇。创客运动的这一特征使其拥有更强的包容性，更低的"准入门槛"，因此能够适用于任何类型的人群。无论你是想通过创意发明来创业，还是纯粹喜好搞一些小发明，都可以通过投入到创客运动中来实现自我的价值。

随着我国将"大众创业，万众创新"引入国家创新规划中，创客运动也迎来了有史以来最佳的时代机遇。在政府的大力引导和支持下，创客们所面临的物质和精神上的阻力都将大幅削弱。在时代的创新需求下，全民创客运动的积极性将得到最大程度的调动和激发，跟随时代脚步不断前行。

第 4 章

创客三原则

任何一个拥有相同价值观的组织或群体,必然都拥有相应的行为原则。每一个个体,只有严格遵循原则去行动,才能成为组织或群体中合格的一员,才能更顺利地实现个人目标或集体目标。创客是一个兼容并蓄的群体,并没有严密的组织章程或规则,但是拥有相同价值观的创客在思考、行动、分享的环节中自发地遵循着基本原则。

1.Think：思考但不要太久

思考是创客行动的起点，一个优秀的创客，会在任何允许的碎片化时间中全身心地投入到创意的设想和完善上。创客运动归根结底是一场脑力活动，如果无法做到勤于思考、乐于思考，那么必然无法诞生大量有趣的创意。

思考的重要性不需赘述，然而对于创客来说，一味地思考也绝非理想的状态。创客必须把握好思考的"度"，要能清楚地看到什么时候需要思考，什么时候需要投入行动。没有实践的思考是"无用"的，创客的最终使命，是将创意变为现实，任你有万千灵感，如果不去实现，那么也没有丝毫意义。

许多创客陷入思考"泥沼"的普遍性因素，都是觉得自己的创意还不够好，还不够完美，因此希望多花一点时间去完善它。然而，这种想法往往会成为最大的束缚，只会让人陷入"完美陷阱"。一些创客在脑海中形成了创意作品的基本雏形后，总会觉得这里不够好，那里还有改进空间，而即便这些问题都解决了，他还是能发现新的问题，从而陷入永无止境的完善之路。完美的创意作品本就不存在，盲目追求完美只是在追求海市蜃楼。只要你确定自己的创意具备某一点核心优势，那么就放开手脚去实现它吧，即便它在很多方面不如现有的作品也没有关系。在作品的制作过程中，在作品完成后的用户反馈中，你能够得到更多真实的、有针对性的意见建议，这可以协助你更有效率地改造作品，远比闭门造车式的冥思苦想有效得多。

2013年，来自中国贵州的小型创客团队Hex，将他们设计的小型四旋翼飞行器发布到了美国众筹平台Kickstarter上，并在短短四个小时的时间内就完成了1万美元的筹资目标。从外观来看，这款小型四旋翼飞行器可谓十分"简陋"，其直径为5.6厘米，没有炫酷的外形，由四个方向延伸出的"触角"上分别配备了一个小型螺旋桨，外壳是塑料的，而且某些电路板还暴露在外。然而，这款小型飞行器的飞行能力却不容小视，用户可以用手机实现控制，还可以在上面搭载一个小型WiFi摄像头来完成"航拍"。最终，即便这个小型四旋翼飞行器在造型上极其"不完美"，但凭借出色的核心飞行功能，还是受到了广大用户的认可。

创客必须明确自己的创意核心是什么，只要当前的设想能够保证核心功能能够实现，那么其他方面的问题完全可以搁置，留待今后解决。在思考环节中，创客需要明确什么是必要的思考，什么是非必要的思考，如下所示。

必要的思考：创意是否具备独创性，是否足够有趣，要如何去实现。

非必要的思考：创意是否有改进空间，其他人对该创意有何看法。

创客，在很多时候需要"自我"一些，要敢于遵从自己的兴趣和想法，不要过于顾及他人的看法，不要试图与他人的创意进行攀比，否则只会人为地为自己制造枷锁，限制自己的创意实现之路。

"思考但不要太久"并没有绝对的时间限制，这是一个相对的概念。因为不同规模、不同技术含量的创意在思考过程中所花费的时间自然有所不同。这一原则最主要的，是提醒广大创客不要陷入思考的"完美陷阱"，与其思考太多还不如及时地动手去做。

2.Make：行动就不要放弃

创客是用行动"做"出来的，而不是用言语"吹"出来的，任你有多少奇思妙想，如果没有一件能够拿出手的创意作品，那么你也很难理直气壮地对他人宣称自己是一名创客。自古以来，拥有美妙想法的人要远比真正实现想法的人多得多，行动永远比思考更困难。而对于创客来说，关键不只在于行动，还要在行动中始终专注，不轻言放弃。

对于创客们而言，行动是一个美好的环节，因为这是让自己的创意实现的必要过程。但同时，行动也是一个痛苦的环节，可能会面临无数瓶颈，遭遇数不清的失败和挫折。不过，最可怕的事情不是在于创客在行动过程中遭遇了多少艰难险阻，而是在于创客的内心不够强大选择轻易认输。

通常情况下，创客可能会因为以下几种情况而心生放弃念头：（1）遭遇了自己无力解决的技术难题；（2）因时间和资源的限制难以实现；（3）有其他创客先行完成了类似创意作品。然而，以上三种因素都不应该成为创客放弃行动的原因。

首先，当遭遇自己无力解决的技术难题时，可以寻求替代方案，或是在不改变作品核心价值的前提下降低作品创作难度，当然也可以寻求专业人士或其他创客的帮助。一个优秀的创意在实现过程中难免会遇到瓶颈，如果遇到一点障碍就选择放弃，那么终将一事无成。

其次，当因时间和资源的限制而导致行动受阻时，应当端正心态，激发自我的热情，很多时候，没有时间、没有资源只是一种借口，最根本的原因还是在于自身动力不足。即便你不是专职创客，只能利用业余的短暂时间投入创作活动中，每天至少也能够挤出一两小时，只要长期坚持，一定能够完成创作。同样，当缺乏必要的资源时，也可以通过租借他人的闲置资源，或是运用一些废弃资源来进行创作。总而言之，当你以永不放弃的心态去真心实意地做一件事，任何阻碍都微不足道。

最后，当你的创意被他人先行完成后，你仍然应当按照自己的步调去坚持完成。有些创客觉得，既然已经有人先行实现了相同或相似的创意，那么自己的创意也就失去了原创性和回头率，即便完成了也没有太大价值。其实，这种观念大错特错。对于创客来说，创意的实现并不是"显摆"的工具，而是一种自我的追求，对创意的实践之路也是一种对自身创作能力的磨炼。当年坚持不懈完成自己的创意作品，以后再去做类似的创作时，就会完成得更好更顺畅。如果所有的作品都成为了"烂尾工程"，那么你永远无法得知接下来会遇到哪些问题。实际上，创客们"撞车"的现象并不少见，但这并不能阻止创客们完成自己的项目。比如，国内的一个创客团队研发的小型飞行器就和一个英国创客团队的作品有极高的相似度，但他们还是按照自己的方式和设计完成了这一项目。

当然，并不是说创客在投入行动后就一定要"不撞南墙不回头"，只不过应当认清阻碍自己行动的因素是不是"真障碍"。创客有时也需"知难而退"，比如当你在实践中发现自己最初的设想确实存在重大问题导致无法实现或暂时无法实现，那么适时地放弃，留待技术成熟或方案改善后再重新开始，也不失为明智之举。

　　坚持"行动就不要放弃"的原则，不断地挑战自我的极限，不仅能够提升项目成功的概率，而且也是提升自身实践能力、磨炼自身精神意志的最佳方式。随着行动完成的次数积累，能让创客在获取成就感的同时，也能在未来的创意实践之路上游刃有余。

3.Share：分享且不要保留

思考和行动，足以让创客去实现自己的创意，完成自己的作品，然而，这并不是创客精神的全部。创客运动之所以能够成为一场全民运动，之所以能够展现出远超过往时代的创新能量，关键就在于分享。

对于创客们而言，投入到永无止境的创新思考和行动中，首要目的绝非以此去追寻名与利，他们是一个"为了创新而创新"的群体。所以，和企业主导的创新浪潮相比，创客不会严守自己的秘密，而是更乐于分享，以加速创新的步伐，催生出更多的创意作品。

不愿分享的创客，不是真正的创客。每一个创客在创作过程中，都必然会遭遇或大或小的困难因而使行动陷入停滞。如果每一个创客都不愿分享，都在独自奋战，那么整个创客运动很难取得进展。相反，如果每一个创客都能够毫无保留地积极分享，就能不断地积累知识和经验，从而形成一个属于全体创客的大型"智慧库"，让每一个创客都能更快速、更便利地突破原本难以逾越的瓶颈。

创客的分享精神越来越受到重视，而随着创客运动的普及和深入，分享的作用和价值也将愈发凸显。如今，许多创客和创客组织也在积极响应着主动分享的号召，助推创客运动的开展。

第 ❹ 章　创客三原则

2015年2月，静安区青少年科技创新大赛如期举办，与往届比赛不同的是，本届比赛新增了"创客空间成果展"这一板块，由"创客体验坊"和"创客作品秀"两个环节组成。在"创客体验坊"中，学生们可以DIY一枚只属于自己的徽章，体验创客理念、创作乐趣；在"创客作品秀"中，来自国内和国外的创客们展示了社交耳机、机械键盘、沙发车等创意作品，并积极地分享自己的创作思路和经验，感染了每一个参赛者。

创客不仅要坚持分享，还要坚持毫无保留地分享，要将分享的理念融入到创作的全过程中。

首先，在创作之前，可以分享自己的想法和创意。在过去的创新活动中，由于创新与名利息息相关，所以创新者或创新组织总是严守秘密，担心自己的想法被"剽窃"。然而，缺乏思维的碰撞，不仅不利于创新的加速和深化，也会使创新缺乏足够的验证，因而导致了大量"无效创新"的出现。创意的分享还可以帮助创客顺利寻找到志同道合的伙伴，许多创意项目，是独自一人难以完成的，而通过创意的分享，可以吸引对该项目感兴趣的人加入其中，快速组建一支"研发团队"。

其次，在创作之中，可以实时公开项目的开展状况。在传统的研发流程下，由于缺乏分享，所以通常只会产生两种结果：一是研发团队没有遭遇瓶颈，项目顺利完成；二是研发团队遭遇了重大瓶颈，项目最终搁浅。而创客和创客组织通过分享创作过程，可以让更多的人了解到项目取得的进展和面临的难题，并借此集思广益，及时对项目进程进行调整。

最后，在创作之后，要乐于分享成果。正如我们之前所提到的，一个真正的创客，不会在完成创意作品后就想方设法去注册专利或是将其商品化,而是会寻找拥有相同兴趣和目标的群体来分享自己的成果。创客对于成果的分享,不能只局限在作品的展示上,包括其设计思路、技术运用等,都应该作为分享的内容,因为你当前的成果,很有可能成为下一个创新的基石之一。

"分享且不要保留"绝非难以逾越的思想障碍,当整个创客群体形成了乐于分享的统一价值观后,每一个人都能够提供帮助或获取帮助,这不仅能够为创客运动提供源源不绝的创新动力,也能使每一位创客体验到分享的助力和乐趣。

Part 2
解放创意

每一个人都有机会、有条件成为创客，无论是以兴趣为主导还是以创业为主导，都可以通过充分解放创意来达成个人目标。

第5章

创客拥有无穷魔力 Go

当你看到那些优秀的创客作品时,必然会对创客们的无限创造力啧啧称奇。这些来自不同地区、不同行业的创客,运用着相同的创新魔力,创造出了一个又一个令人拍案叫绝的新奇事物,探寻着下一个改变世界的创新。

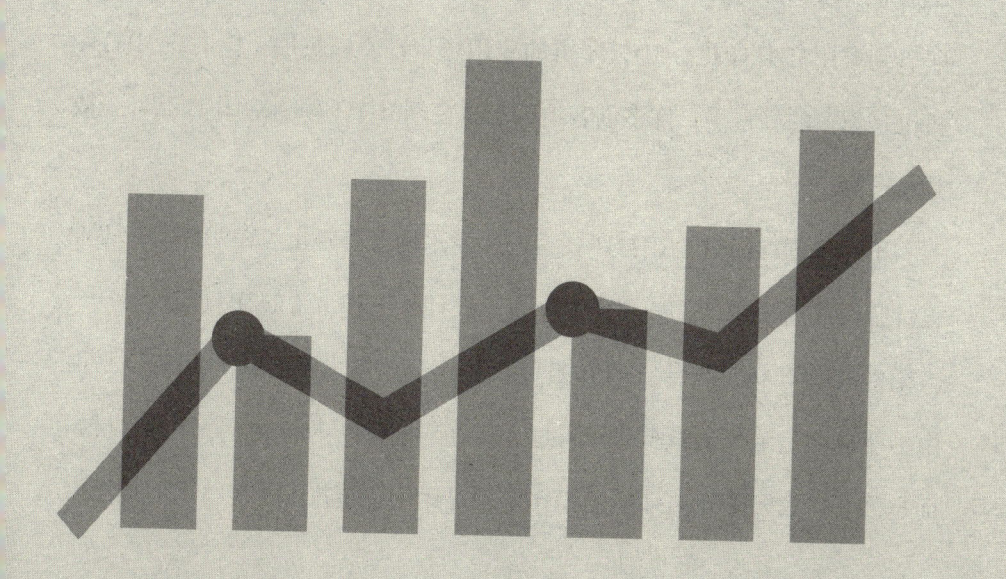

人人可以做创客 RENREN KEYI ZUO CHUANGKE

1.国外优秀的创客作品

得益于优良的创客环境和创客运动长期的普及发展，国外的创客们不乏优秀的创意和将之实现的条件。当前，发达国家的创客们仍然是创客运动的主力军，其作品的新意和规模有着明显的优势。

那么，国外创客都有哪些优秀的创意作品呢？下面就让我们一开眼界。

太阳能3D打印机

3D打印是一个正在崛起的全新技术领域，而且被认为将会在未来改变制造业形态。目前，3D打印技术已经取得了较为显著的进步，从工业3D打印机到家用3D打印机，3D打印机的应用场景在不断拓展。同时，3D打印机也是创客的好帮手，许多创客组织都在使用3D打印机来制作产品外壳或是模型等。

不过，创客们对于3D打印技术的探索永远没有停止。在2013年，工业设计师马库斯·凯瑟（Markus Kayser）设计了一种全新的3D打印设备——太阳能3D打印机。与传统的3D打印机相比，这款太阳能3D打印机不是由电力驱动而是由太阳能驱动，同时，其打印材料也不是树脂等常见素材，而是沙子。太阳能3D打印机的工作原理是运用烧结技术，将沙子加热至熔点，然后再将之冷却并形成固体。

设计者马库斯·凯瑟认为，太阳能和沙子是地球上最为充足的资源，而且借助这款太阳能3D打印机还能够在沙漠等恶劣环境下开展一些特定的工作。据称，如果能够提高太阳能3D打印机的打印精度，将之应用在太阳能电池的制造中，能够降低50%左右的生产成本，还能减少玻璃、多晶硅、钢等昂贵材料的浪费。

书写机器人

智能化自动机器人一直以来都是创客们热衷研究的领域之一，几乎在每个创客展会中，我们都能见到各类或简单或复杂的机器人项目，其中更是不乏一些来自专业人士和专业实验室的高端作品。不过，制作机器人未必一定需要超乎常人的专业技术知识，在2015年的美国匹兹堡举办的Maker Faire上，一个由诗人创客Gijs von Bon设计的书写机器人Skryf吸引了许多人的目光。

这款书写机器人的外形酷似一个"三轮车"，通过在行走的路面上喷洒细沙来"书写"文字。其核心部分由两个部件构成：一是作为机器人"大脑"的笔记本电脑；二是下半部分用来"写作"的吐沙机器。同时，该机器人还有两个大型电动机和一个小型电动机，其中一个用以控制机器人的前进与后退，另一个则用于控制喷嘴的左右移动，而最后的小型电动机则用来控制喷嘴的开关。

这款书写机器人的工作原理也并不复杂，首先将要书写的文字录入到笔记本电脑中，然后相应的程序便会根据录入的文字设计书写的路径，进而控制机器人的行进路线，在地面上留下由细沙组成的"转瞬即逝"的文字。据设计者称，书写用的细沙颜色以及书写的字体都可以简单地更改，甚至还可以完成一些简笔画。

单纯从应用价值上看，这款书写机器人的应用范围似乎极其有限，但这并不妨碍其成为一个出色的创意作品，它更多的是创作者个人兴趣的产物。设计者Gijs von Bon在谈到自己的作品时表示，看着这个"小家伙"在地面上留下精美的诗篇，然后又不断地随风消逝，也不失为一件美妙的事。

COOLEST冰箱

国外创客设计的COOLEST冰箱在众筹平台Kickstarter上可谓出尽了风头，在筹资期内筹集资金1033万美元，远远超出了原计划筹集的5万美元。那么，这款冰箱究竟有何过人之处呢？

COOLEST与其说是冰箱，更像是一个野餐"百宝箱"，是专门为喜好野炊的小伙伴们准备的户外神器。COOLEST的外形看起来像是一个不规则的收纳箱，作为主体的冷藏储物箱的容量可达60升，足够准备一顿丰盛的野餐材料。当然，COOLEST的神奇之处不止于此，其不仅包括榨汁机、砧板、开瓶器等厨房用品功能，还包括蓝牙音响、USB充电线、LED照明灯和行李架等外出贴心功能，用途之广超乎想象。COOLEST的便携性也极为出色，通过两个宽滚轮、捆绑带和卡槽设计，即便是儿童也可以轻易地进行移动。

从技术含量上看，COOLEST并没有什么重大的技术性突破，但是通过对用户需求的深入研究，将现有的常用技术进行组合和再设计，同样造就了一款成功的创意作品。

第 5 章　创客拥有无穷魔力

除了以上介绍的三种创客作品外，还有许多出自国外创客之手的让人眼前一亮的作品，涉及到众多领域，更是不乏能够让生活更便利，甚至为产业创造变革契机的重大创新。

2.国内优秀的创客作品

与国外相比,国内创客运动起步较晚,整个社会的创客氛围也尚在培养的过程中,创客作品的新意和规模与国外还有较大的差距。特别是创客运动在国内刚刚兴起的时候,许多国内创客都是在沿袭国外创客的老路,作品缺乏独创性。不过,随着国内参与创客运动的人群越来越多,国内创客运动也开始由量变产生质变,许多优秀的创客作品也随之诞生。

创客作品展会和创客比赛在国内的举办数量和频次越来越高,在其中,许多优秀的国内创客作品也崭露头角。

木工工艺

在许多不了解创客的普通人看来,创客就是高科技人士的"专用称谓",但实际上并非如此。只要有创意并努力将之实现,就是一名创客,未必一定要和高端前沿技术搭上关系。来自深圳的创客团队"忘言手作木工房",就是这样一个团队。

"忘言手作木工房"主要从事的是运用各类木材的手工创作,小到筷子汤勺,大到桌椅家具,其木工制品的涵盖范围很广。"忘言手作木工房"的发起人之一Jen说,他们团队不仅会定期更新作品,还会教其他人创作自己感兴趣的东西,用简单的工具去完成创意。

"忘言手作木工房"没有以大热的智能硬件作为创客作品方向，反而瞄准了手工制作这一"古老"的创作形式，进一步丰富了国内创客作品的形式和领域。

手机共鸣音箱

音箱我们并不陌生，但是不需要用电的音箱你见过吗？由国内创客设计的手机共鸣音箱就是一款将传统工艺和现代设计理念完美结合的创意作品。

该作品由陶瓷制作，外形就像一个小巧的瓷器，只要将手机放入共鸣音箱中间的大凹槽中，由手机声孔发出的声音就会通过声音入口进入共鸣腔，并在其中形成共鸣，从而实现增大音量的效果。不仅如此，从左右两边出声口传出的声音，还能形成立体声效果。

作品设计者李峰和池快表示，他们的创意源于中国古代乐器，比如埙、磁鼓等乐器都是由陶瓷制作的。而且这款作品节能、原生态的设计理念也符合未来的创新趋势。

手机共鸣音箱不仅具备出色的创意，而且完美运用了我国的传统工艺和智慧，可谓是具备中国特色的创客作品杰出代表。

3D打印笔

国外创客做出了许多创新型的3D打印机作品，国内创客也没有在此落后，这款3D打印笔真正让人手一台3D打印机成为了可能。

与传统的3D打印机相比，这款3D打印笔突破了结构复杂、操作困难等局限性，成为了一个便携3D打印设备。其技术突破主要有以下三点：一是采用ABS塑料耗材作为打印材料，从而实现快速的加热和冷却功能，从笔尖流出的熔融状态ABS塑料可以在1—2秒内迅速凝固成型，从而达到在空中直接实现立体绘画和建模的功能；二是结构紧凑、操作简单，可以像运用画笔一样操作3D打印笔，完全不需要学习相关软件和3D建模；三是具备完善的安全防护，采用12V安全电压，同时具备15分钟无操作自动休眠功能，杜绝安全隐患。

这款3D打印笔不仅展现了国内创客的创新能力，也展示了他们的技术实力，成为了3D打印浪潮中一道独特的风景线。

空气雨伞

2014年10月，一款由南京创客团队设计的空气雨伞在网上瞬间走红，其炫酷的外形和功能引来了许多人的关注。

顾名思义，这款空气雨伞是利用空气达成避雨的功能，它没有伞面和伞骨，而是由一根棍状的伞柄来喷射气体，形成一个气流伞面，并利用流动的空气改变物体运动轨迹这一原理实现避雨功效。同时，空气雨伞的功率可以调节，喷射气流的速度越快，能力也就越强，能够实现更好的隔雨功效；而喷射气流的范围越广，空气伞面的面积也就越大，能够供多人使用。使用这款空气雨伞漫步于雨中，仿佛时刻置身于传说中的水帘洞中，无疑是一种独特的体验。

不过，该作品也存在较为明显的缺陷。比如重量较重，不便于携带和使用，电力续航时间过短，不能长时间使用等，这还需要在技术上进一步改进和完善。

脑控飞球

脑控飞球是由创客张浩独立设计完成的一款作品，并一举夺得了联想创客大赛年度创新大奖。利用这个作品，人们可以用"意念"的力量去控制一个飞行小球的移动，从而实现"隔空移物"，让原本只存在于电影中的特效场景出现在现实世界中。

实际上，该作品是一个脑电波信号采集和转化的演示器，其由一个飞行球、一个金字塔型的底座遥控系统和一个耳机式的脑电波探测器组成。其工作原理如下：带上脑电波探测器，并给遥控系统通电后，当你集中注意力时，飞行球便会从金字塔底座上升并悬浮在半空中；而当你注意力分散后，飞行球则会下落。由于该作品的脑电波耳机只有一个独立通道，因此在同一时刻只能控制飞行球完成一种动作，可以是简单的直线运动，也可以是相对复杂的螺旋上升运动等。

这款作品不仅在国内引起了关注，许多国外媒体也进行了广泛的报道，并在Kickstarter上筹资成功开始了全球化销售。

通过以上这些优秀的创意作品，我们可以看到，国内创客作品在独创化、实用化、特色化等方面都有了明显的提升，还有许多作品得到了国外创客朋友的认同和赞许。这标志着我国的创客运动正在蓬勃发展中，创客能力正在不断同国际先进水平接轨。

第6章

创客必备的基本素质

在互联网时代下，不断降低的创客门槛使得"人人皆创客"成为了可能，但这并不代表每一个人只需要作出一个决定便能顺理成章地成为创客大家庭的一员。创客作为一个具备共性的群体，对成员的能力有着最基本的要求。如果你不具备创客的基本素质，无论是进行个人发明还是加入创客组织，都将举步维艰。

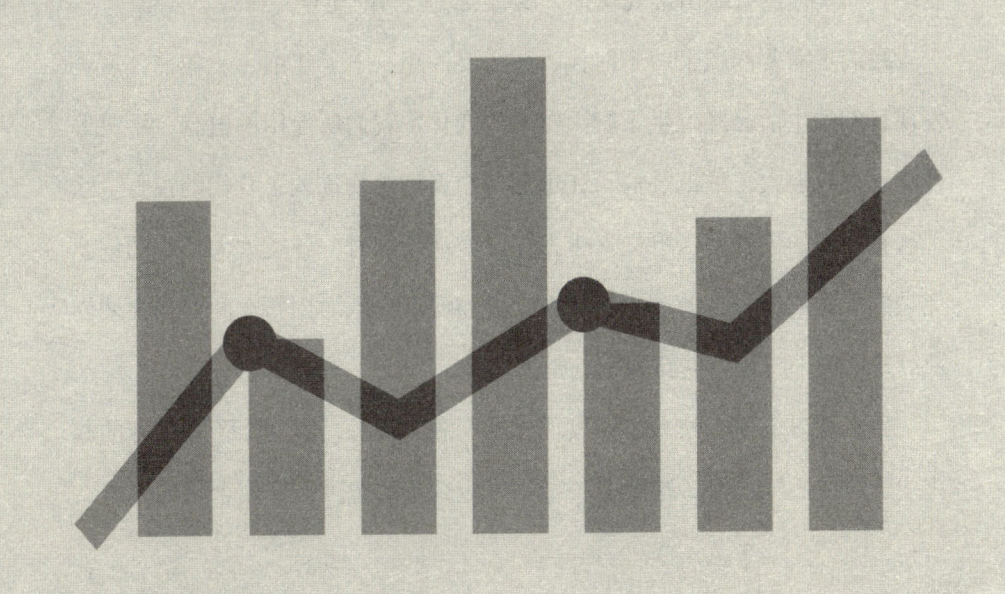

1.态度：坚信创意无止境

无论做任何事情，态度都是首当其冲的，如果没有一个足够端正的态度，就很难全身心地投入到具体的行动中。而对于创客来说，正确的态度不仅仅是要始终专注如一，更重要的是要坚信创意无止境。

有许多人认为，随着科技飞速发展，各个领域的创新越来越多，创新空间也越来越小，几乎自己能想到的所有创意，都已经实现或即将实现。然而，这种观点完全是大错特错。无论在任何时代、任何领域，创意永远是没有穷尽的。当你感到实在没有创意可供挖掘时，并非是真的没有创意空间，而是你没有跳出常规思维，没有发现创新闪光点。

我们不需要回顾上一个时代，只需要回想一下五年前、十年前，就会发现我们的生活已经发生了翻天覆地的变化。我们所使用的电脑、手机等性能越来越强大，平板电脑、3D电影等全新的事物进入了我们的视野。除了这些主流的创新，当更进一步去探寻微观领域时，各类大大小小的创意更是数不胜数。科技的进步、新事物的涌现不会压缩创新空间，只会使创新的速度越来越快，创新的触点越来越多。

当你觉得创新空间太小，发现好的创意太难时，就相当于在创客的起跑线阶段便已经认输，这绝非一个创客应具备的态度。一位合格的创客，必须始终坚信这世界上还有数不尽的创意在等待自己去发现、挖掘和实现，始终坚信创意的海洋是源源不绝、没有尽头的。只有坚持这种态度，你才不会自怨自艾，才不会感叹生不逢时，才能精神抖擞地立刻投入到创新活动中，成为创客队伍的一员。

在任何一个时代中，都有伟大的创新者，同样也有很多看不到创新趋势，只是不断追随潮流甚至违逆潮流的人，这和时代的科技水平、社会发展水平都没有必然的联系，最主要的还是源于个人对创新的不同态度上。任何一个看似已经十分完善的领域，都不可能永远保持不变，都一定存在创新的突破口。而不同程度的创新可能会对一种事物作出改进，也可能使一个领域发生翻天覆地的变化。

在21世纪初，当MP3成为一种主流的音乐便携设备时，其设计也逐渐归于一种统一的模式，市场中各个品牌的MP3都没有特别明显的差异，而iPod的出现却改变了人们对于音乐便携设备设计、性能、模式等各个方面的认知。而在手机领域，当诺基亚还在牢牢占据世界手机业的霸主地位时，iPhone的出现则掀起了一场革命，它不仅颠覆了人们对于传统手机的认知，还重新定义了智能手机，成为了智能手机的设计"新标准"。

无论是iPod还是iPhone的出现，都离不开乔布斯对于创新的信仰和追求。原本以个人电脑作为主业的苹果公司，之所以进军看似已经极度成熟的新行业中，也是因为发现了前所未有的创新方向。

所以，创新没有绝对的终极目标。即便是一个高手如云的领域，即便是一个巨头鼎立的行业，都必然存在"创新缝隙"。只有坚信"创新缝隙"的存在，才有可能掀起一场或大或小的创新革命，否则永远也看不到创新之路在何方。

　　创新机会，只会展示给愿意相信并始终追求创意空间的人。如果固执地认为创意已经无可挖掘，那么即便将创新机会摆在你面前，你也会熟视无睹，任其白白溜走。坚信创意无止境，是创客对创新的一种信仰，也是成为创客的前提条件。

2.知识：孕育创新的土壤

互联网信息库的壮大，开源工具的丰富和普及，大幅降低了普通人进行发明创造的门槛。然而，无论创客的门槛如何降低，也必然会始终存在，只有具备了相应的基础知识，才能跨越门槛，迈入创客的大门，这是成为创客最基础的条件。

举一个最简单的例子，现在需要你设计并制作一款遥控玩具，电路板、控制程序等核心技术都是现成的，外壳等部件也可以由3D打印机制作，但如果你不懂最基本的电路知识，不懂如何使用3D打印机，那么仍然难以完成这一创作。在创客活动中，知识不可或缺，即便拥有了一切设备、工具和资源，如果缺乏相应的知识，也难以将之"黏合"在一起。

知识与创新，就如同土壤与树苗，前者乃后者的"营养之源"。树苗只有从土壤中汲取养料才能茁壮成长，而创新也只有从知识中汲取智慧才能顺利实现。创客所进行的一切活动都和创新息息相关，因为知识也必不可少。不过，就如同在肥沃土壤中的树苗也未必一定能成长为参天大树一样，即便有了丰富的知识也未必一定能够发现创新点并实现创新。但是，没有知识就必然没有创新，这是每一位创客都应当认识到的。

对于创客或是立志要成为创客的人来说，一个好消息是学习知识正变得越来越简单。互联网的普及和发展，成就了一个有史以来最为庞大且还在不断扩张的"图书馆"，你不仅可以通过网络随时搜索自己想要学习的知识，还可以通过越来越便利的社交网络主动向高人求教。只要有心，你几乎可以获取到任何你需要的知识，时间和地点都不再成为障碍。

但是，只是一味地去查询和了解知识是远远不够的，知识只有经过个人大脑的"加工"，转化为有价值的点子，才能成为创新的幼苗。我们通过书本、文件、视频抑或是口耳相传等媒介所学习到的知识，通常被称为"显性知识"。显性知识只是单纯的信息或数据，无法成为真正的创新源泉。在接触显性知识后，透过相应的思考和实践，对相关知识进行理解、衔接、应用，才能真正掌握相关的知识，并将之内化为铭刻在头脑中的"隐性知识"，这才是创新的真正土壤。无论你拥有多么便捷的学习渠道，多么庞大的知识库，在接触显性知识并将其转化为隐性知识之前，对于创新可以说是毫无用处的。

显性知识是属于全人类的"智慧库"，它规模庞大，但对于创新者来说却难以直接加以应用。对显性知识的直接应用不可能产生创新，只能成为对过往事物的一种复制。而隐性知识是属于个人的"智慧库"，尽管和显性知识相比它的规模极其渺小，但却具备了无穷的创造力，且能够为创新者直接加以应用。隐性知识是一种高度个人化的知识，不仅涉及到个人的认识、技能和经验水平，同时也会受到个人信念、世界观和价值体系等因素的影响。智力水平的高低不会完全决定隐性知识的生成和积累，优秀的创客未必一定是超高智商的人才。

据科学家研究显示，一个正常人的大脑平均可以容纳约5亿册图书的知识量，也就是说，只要你在主观上愿意去学习，你的大脑一定能够做到

"来者不拒"。既然你拥有着一个空间庞大的"图书馆",那么就一定不要让它空荡荡。只有去学习足够多的显性知识,才能转化为大量的隐性知识,并为自己的创新活动所服务。而且,隐性知识不同于记忆,记忆可能会随着时间的推移而彻底消逝,但隐性知识不会。也许你难以罗列自己所掌握的隐性知识,或是长时间不使用而有所生疏,但只要在特定的环境下,通过简单的回顾和尝试,你的大脑和身体便会自然地将隐性知识成功挖掘并顺利使用。

不过,个人的"智慧库"无法像真实的仓库一样,做到进库有登记、出库有记载,因此难以计算一个人所掌握的隐性知识到底有多少。但可以明确的一点是,接触的显性知识越多,掌握的隐性知识也会随之增长。尽管每个人掌握隐性知识的能力和速度有差别,但无一例外都需要多学习、多思考。而一个人拥有的隐性知识的多寡,也将直接影响到其创意思考的能力。

创新源于知识,同时知识也会在创新活动中得到积累和拓展。当一种创新事物不断普及并为众人所接受时,这种创新也就成为了显性知识,不断堆砌的显性知识也使每个人沉淀更多的隐性知识,从而孕育出更多的创新行动。

3.经验：有积累离成功更近

如果说知识主要源于理论的学习，那么经验则主要源于实践的积累。在许多领域中，人们往往看重经验更甚于知识，但实际上，知识和经验并不能被简单割裂。经验来源于知识，如果没有相应的知识，经验根本无从谈起。而经验则是知识在实践中的升华，一个人在某方面的经验越丰富，就说明他对于相关知识的理解越透彻，应用越熟练。

对于创客来说，经验可以说是知识的"完成形态"，其对创新活动的推进效应往往更为直观。知识充满了不确定性，即便创客牢牢掌握了某些知识，但他们不能确定这些知识在实践活动中是否一定能够带来预期的成果。而经验不同，经验是在成功或失败的案例中汲取和总结的，它能够确切地指导人们的行动，让人们明了只要按照某一特定程序去执行，就一定会达到成功或失败的结局。

这也是为什么在创客三原则中强调"行动就不要放弃"的原因之一，如果半途而废，失去的不仅仅是项目成功的可能性，同时也会失去积累经验的宝贵机会。当行动遭遇瓶颈时，往往是探索和积累未知经验的最好时机，如果总是从头开始，那么你所积累和应用的往往是已知的经验，这也许会让你的行动顺畅无比，但却无法帮助你进一步成长。

最为明确的经验往往源自于两个方面，一是源自于成功，二是源自于失败，也就是所谓的"成功经验"和"失败经验"。成功经验能够让你熟练掌握某种知识或技能，从而协助你在以后以更高的效率开展相同或相似的工作。很少有人会喜欢失败的感觉，但是失败的经验却宝贵无比。特别是在探索未知领域时，失败的经验越多就说明离成功越近。无论是科研人员还是创客，之所以能够在一次次的失败中毫不气馁，就在于他们明白，每一次失败经验的积累都是迈向成功的踏板。而在一些关键性环节中，一次痛彻心扉的失败经验更是能够让人体验到"一朝被蛇咬，十年怕井绳"的感觉，永世难忘。

积累经验的途径有许多种，无论是工作还是业余爱好，任何实践性的活动和尝试都能产生经验。只要多注重总结，积累经验的时间往往比积累知识的时间更为充裕。

2006年的年度国家科技进步二等奖的获得者王洪军，就是一位在工作中积累经验的成功创客。

王洪军并非出身"名门"，1990年从技工学校毕业的他进入了一汽集团，主要从事轿车车身调整和钣金整修工作。在长期的工作实践中，王洪军不仅在业务上越来越熟练，成为集团内部的"高级专家"，还独创了"轿车钣金快速修复法"，包括轿车白车身表面缺陷修复法、漆后钣金缺陷修复法、车身间隙平度超差调整法和展车制作法四大模块内容，填补了国内相关领域的空白。

王洪军的故事表明了，无论身处任何行业、任何领域，即便每天所做的都是千篇一律的工作，但只要不断思考、不断总结和积累经验，就一定能够发现创新点，并一步步地接近成功。

每一位创客都应当牢记，只要你行动了，并且在行动中用心，就必定会积累相应的经验。而无论是成功经验还是失败经验，都能成为往后创新活动中的宝贵财富。特别是对于年轻创客们来说，活跃的思维、热情的动力让他们活力四射、创意涌现，但经验的匮乏也会给他们的创新活动带来许多限制和障碍。只有加速经验的积累，才能够使自己少走弯路错路，始终朝着成功前行。

4.想象力：为创新插上翅膀

知识和经验是创客的双足，支持着他们最基本的创新行动。而想象力则是创客的翅膀，引领他们的创新行动进一步飞跃。

当创意作品让人感觉新意不足，没有给人留下足够深刻的印象时，很大程度上是因为缺乏想象力造成的。由于创意作品没有包含让人眼前一亮的奇思妙想，无法超越人们的常规认知，因此就无法带来惊喜感。以知识和经验作为基础的创新活动，通常是从A到B再到C的"小步前行"，这种模式也有可能带来不可思议的创新，但往往行动迟缓。而以想象力作为引导的创新活动，则能够达成从A到C的直接跨越，甚至是从A到X的巨大飞跃，这不仅仅加速了创新活动的进程，还可能开拓一个前所未有的新领域。

众多科学家和学者都认为，想象力是人类最重要的创新源泉。从古至今，任何一位创新者都是以不可思议的想象力作为驱动进而找到了属于自己的创新之路。我们所熟知的牛顿、达尔文、伽利略、爱因斯坦等举世闻名的学者，他们不仅有着让人惊叹的专业知识，更重要的是他们拥有着具备前瞻性的想象力，因此才能发现他人没有发现的规律，探索他人没能探索的领域。

在这个知识型社会中，创新被看作是推动社会进步和经济增长的关键因素，被认为是点燃下一个大事件的必要火种。企业家杰伊·沃克（Jay Walker）认为，创新是经济和社会发展的驱动器，而想象力正是这一驱动器的燃料。"创新是一个过程，也是一个结果。但是，如果没有想象力，你无法实现创新。"杰伊·沃克说道。杰伊·沃克不仅仅是一位杰出的企业家，还是一位出色的创客，作为普利斯林（Priceline）公司的创始人的他拥有超过200项专利，并两次被《时代》杂志评为数字化时代50名最具影响力的商界领袖之一。

杰伊·沃克在谈及想象力时进一步阐述道："想象力本身不是新技术或新发明，也不是创造力或创新力，而是一种创造性思维。创造性思维不易出现，因为绝大部分事物之前都已经有人设想过了。但创造性思维同样可以通过努力来获取，比如透彻了解前人的想象和思维等。"

想象力是评判人类智力水平的标准之一，会受到先天因素的影响，但同时也能通过后天的努力来磨炼和提升。通常，想象力的锻炼有以下三种基本方式。

（1）善于观察，始终保持好奇心

观察能力是发现想象触点的前提，想象力归根结底是对已存在事物的一种扩充或逆反，因此只有对现有事物有着充分的认知，才能找到可扩充之处或不足之处在哪里。好奇心则能够赋予你思考的动力，看到任何事物在心中多问几个为什么，就有可能在人们习以为常的东西中找到创新的元素。

（2）多阅读多学习，提升知识水平

想象力并非只是胡思乱想，必须要以足够的知识和经验作为依托。缺乏依据的想象只是毫无价值的妄想，无法或难以找到实现的途径和方法。所以，培养有价值的想象力，必须要通过阅读和学习来不断地积累知识，提高自我的认知水平,这样不仅能赋予想象真实价值,也有利于在后续的实践活动中去实现想象。

(3)发散思考,寻找知识与想象的接点

即便你具备了充分的知识,也有着众多奇思妙想,但也未必就一定能够由此发起创新活动。知识与想象必须产生"化学反应",如果相互割裂那么也难以创新。你可以适时地进行发散思考,开启一场只存在于自己脑内的"头脑风暴",大胆地提出自己的设想或计划。

缺乏想象力,就难以成为创新型人才,自然也就难以成为一名创客。每一名创客,都绝不能扼杀自己的想象力,不能被资源、时间、技术上的局限捆绑自己的思维。在创意的思考环节中,要敢于用想象力的翅膀大胆翱翔,而不要畏首畏尾地担心自己是否有能力实现它。"敢做"的前提是"敢想",如果不敢大胆想象,那么永远都无法成为一名敢于在创新蓝海中拼搏的创客。

5.实践：创客必须走出家门

作为一个以实践为基础的创新群体，创客不同于人们过去理解的"技术宅"。他们热衷于技术但却不总是闷在家里或实验室里作研究，而是乐于在钻研技术发明的同时进行交流和分享，立足于真实生活。

实践，是检验创客的关键性指标。即便你拥有丰富的知识、绝佳的创意，但如果没有去实践，那么就无法称为创客，只是在夸夸其谈、纸上谈兵。设想总是美好的，但当真正动手去做时才会发现各类问题接踵而至，这就需要以实践能力去予以解决。创客实践能力的高低，也是检验创客"成色"的关键要素之一。

那么，创客要如何提升自身的实践能力呢？多动手去做自然是最基本的锻炼方式，但与此同时，还要学会"走出家门"，在真实世界中寻求实践助力。你可以去寻找有相同爱好和目标的创客，也可以加入创客空间，通过与高手"切磋技艺"，不仅能够开拓眼界，还能在相互学习与交流中大幅提高自身的各项能力。除此以外，交流和分享还能为创客的实践活动提供最直接的助力，促成创新实践的最终完成。

（1）实践调研分析问题

创意作品项目也需要进行调研，因为一个人的想法难免会有疏漏，多多询问和参考他人的意见，能够让项目方案尽可能完善，减少走上弯路错路的可能性。不过，创客活动毕竟不同于商业活动，直接向普通公众搜集信息并不能解决相关问题。因为创客活动需要解决的是创意和技术问题，而非受众问题，商业活动中的市场调研方式难以取得效果，所以，最好的方式还是向创客"同志"发起调研。

你可以通过电子邮件、社交工具等方式和其他创客进行联系，阐述自己的想法，提出自己的问题，在对方回复的信息中归纳反馈意见，以此来界定自己的想法是否可行，存在哪些障碍等。不过，最好的方式还是直接找到相关的创客组织，带着自己的方案或是原型产品与多个创客开展最直接的交流。这种真实的交流方式，能够立足于应用场景，避免凭空的想象和探讨，往往更容易发现问题，提出更具针对性的意见。

（2）在实践中寻求方案

不可能所有创客都具备能够设计出完整项目方案的知识和能力，有的人懂技术原理，却不懂操作应用；有的人懂操作应用，却不懂技术原理。能力的缺失会造成方案的不完善，而方案的不完善则会给创意活动带来直接或间接的阻碍。

通常，面对能力缺失问题，创客首先想到的是通过查阅资料来学习，特别是互联网信息极其发达的当下，你几乎能够寻找到所有想要了解的内容。有时，通过信息搜索来完善方案不失为一种快速、便捷的方式，但更多时候，这种方法难以满足创客的需求。因为透过书本或网络学来的知识缺乏针对性和实践性，放在一个特定的条件下未必适用。

因此，最好的方法还是去寻找有经验的专业人士，直接和专家探讨。领域专家会根据项目的具体特征来判断是否存在类似问题的解决方案，并快速归纳成型。不仅如此，他们还能够立足于应用场景，判断在技术上是否可行、有效，直接形成一套有效方案。

（3）反复实践验证方案

在创客活动中，你很难在投入行动之前就一步到位解决所有问题，因此需要"走一步看一步"，在时机相对成熟后就开始实践，并在实践中发现问题、验证问题和解决问题，推进实践活动。

最初的项目方案是建立在一系列假设基础之上的，当真正着手去做的时候，难免会发现许多全新的问题，这就需要通过反复的检查、实验，寻找问题的症结，分析问题的成因，修正新问题以完善方案。

在实践中反复的测试和修正不可避免，但也不要在此浪费过多的时间，有许多问题是你在家想破脑袋也想不明白的，直接去咨询有能力的人往往能够更快地解决问题。你可以去创客空间寻找能人协助自己来解决难题，有时候你可能得不到直接的帮助，但可以得到一些经验、建议，但即便如此也能大大降低解决问题的难度，缩短完善方案的时间。

创客个人的创造力和能力是有限的，如果只是一味地闭门造车，许多创意项目可能都会因欠缺"临门一脚"而无法实现。但通过与其他创客相互交流和分享，不仅能够激发灵感，还能加速项目方案的制定与完善，提升每一位创客的创新数量与质量。创客必须乐于"走出家门"，这样才能拥抱更广阔的创新世界，发现更多更美好的创新乐趣，不断实现自己的创新梦想。

第 7 章

人人都能成创客

"高科技"、"技术宅"并不是创客的标签，创客也并非是一个难以企及的高端群体。与黑客、极客等特殊群体的行为相比，创客的行动并非一定要取得技术上的重大突破，关键的还是在于运用现有的工具组合去解决实际问题，这是一种"接地气"的创新形式。无论你是技术菜鸟还是技术专家，都可以成为创客，选择属于自己的创新之路。

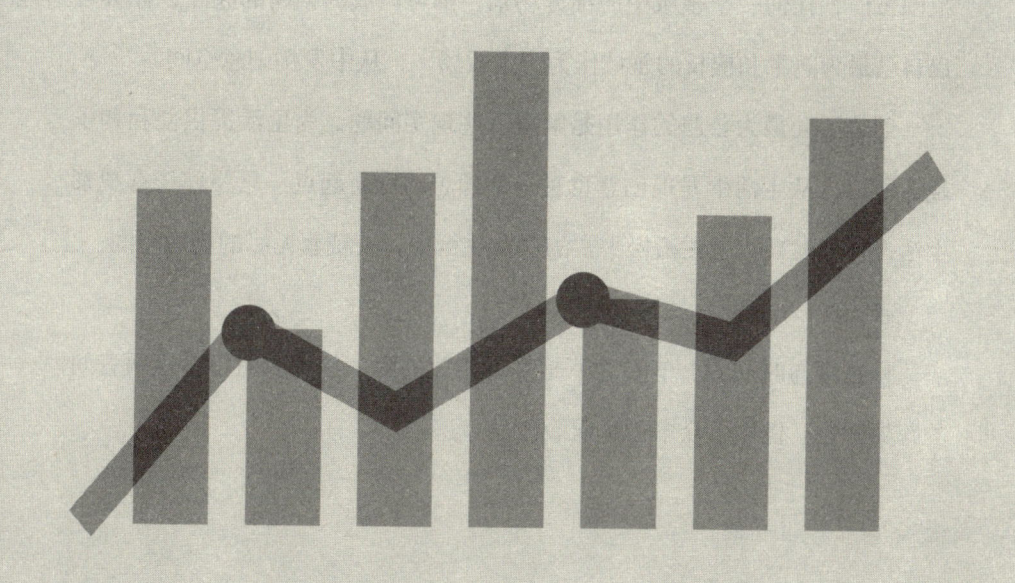

1.衣食住行，创意空间无处不在

成为一名创客，首先要解决的是创意问题，只有先提出一个创新的目标和项目，才有行动的方向。许多人一听创新，心中立刻就犯了难，他们会心想，创新哪有那么容易啊，我一没专业知识，二没特殊技能，怎么能找到适合自己的好创意呢？

创新不易，这是必然的，即便只是进行一次很小的创新活动，也要付出巨大的辛劳。但我们也要清楚，创客并不是去研究航天、能源、生物等前沿科技领域，对于知识和技能的要求并没有那么高。而且，创客的创新范围极广，任何一个领域中的细分场景，都可以成为创新的起点，你大可以自己最为熟悉和擅长的领域作为"主战场"，从中发掘创意空间。

创客活动最为普遍的作用是解决一些现实问题，为生活提供便利和乐趣，所以，从生活中发现创意也是一个理想的创新起点。只要你认真观察生活，你会发现，就在稀松平常的衣食住行中，潜藏着无尽的创意空间。

衣

科技圈与时尚圈，乍看之下是毫不相关的两个领域，但正是这两者间的跨界融合，催生了众多创意服装作品。

Make Fashion可穿戴时装秀起源于2012年，该时装秀的主题不同于传统时装秀，不是注重美观与时尚，而是更加注重科技与创新。通过众多时尚设计师和工程师的密切合作，在每年的Make Fashion可穿戴时装秀上都涌现了大量吸引眼球的服装作品。

在Make Fashion可穿戴时装秀，你可以看到能够测量着装者体温和身体状况的服装，能够随时升降调节长度的裙子，能够根据日照强度变换颜色的项链，等等。从婚纱到盔甲，Make Fashion时装秀上的服装类型极为丰富，而且每一件服装的设计者都致力于将时尚和科技完美融合，展示前所未有的穿戴创意。

Make Fashion是国外创客发起的一场服装创意盛宴，而国内创客在服装创意上同样有让人惊艳的作品。

就读于华南农业大学视觉传达专业的温绮雯在毕业后选择从事设计工作，而她在业余时间迷上了纸艺创作，希望利用纸这种常见的普通媒介，传达出特别的创作理念。最终，温绮雯成功设计并制作了名为"森灵"的系列服饰作品，包括皇冠、项链、长裙等，全部由纸质材料制作而成。整个作品无论从材料还是设计上，都宛如森林中的精灵般，散发着神秘灵动之美。"森灵"系列作品突破了传统服装在选材与设计上的局限，通过大胆的创新刷新了人们对于服装的认知。

食

每个人都少不了一日三餐，而无论从食物本身，还是食物的烹饪器具与食用器具上，都包含大量的创意空间。

婴儿的喂养问题是许多年轻父母们关心的头等大事，不科学的喂养方式不仅不利于婴儿的生长发育，甚至还会对其身体造成伤害。而出自创客之手的Smamoo智能奶瓶，彻底解决了困扰年轻父母的问题。

Smamoo智能奶瓶是对传统奶瓶的一次重大颠覆，它不仅在传统奶瓶的基础上增添了加热、恒温、消毒等功能，还具备智能温控系统，无需接触便可实时测温，并通过瓶身的环形灯显示温度。除此之外，Smamoo智能奶瓶还实现了与互联网平台的对接，父母们可以通过与手机APP关联，准确记录婴儿每天的饮用量、饮用时间、营养摄入等数据。Smamoo智能奶瓶还可以根据婴儿的月龄、体重等信息，制定个性化的科学喂养方案，并及时提醒父母婴儿的喂养时间和喂养量。

见识完为婴儿们设计的"喝奶神器"后，现在再让我们见识一款为大人们设计的"饮品神器"。

你是否还在为喝上一杯热茶而焦急等待？是否还在为喝完咖啡后清洗咖啡机苦恼万分？Dr.drinks星球机可以彻底解决以上问题。

从外观上看，星球机与自动咖啡机极为相似，180毫米×180毫米×250毫米的尺寸，重量约为3.5公斤。不过，星球机只支持单品冲制，比如，喝花茶与喝咖啡需要购置两种不同型号的机器。但在饮品冲制能力上，星球机可谓独树一帜，它可以在极短时间内释放出超过高压锅10倍以上的压力，达成瞬间萃取的效果，兼顾了速度与味道，还不需要事后清洗。

不仅如此，星球机还可以通过与手机APP连接以实现远程智能操作。当你早上起床时，便可以通过手机预约饮品的冲制时间，当你洗漱完毕后，一杯香浓的饮品便已经在等着你了。

住

我们的居住空间中，同样存在众多可供挖掘的创意。如今，智能家居的概念很火，但其实智能家居也并没有常人所想象的那样"高大上"，任何人都可以挺进这一领域。

创客高峰于2008年创立了专攻智能家居领域的公司，经过数年的发展已经颇具规模。在他的家居销售大厅内，有一个智能家庭模拟区，整个大厅只有一个开关，以显示屏控制，可以操控家中的任何一个电器。而且，这个系统还可以移植到手机上，通过一部手机来控制家中的所有电器。

"在家中安装这样一套智能开关系统，需要1万元左右，尚在普通家庭的承受范围内。"高峰介绍说，"许多有条件的家庭对该系统都很有兴趣，产品的销售状况也不错。"

关于"住"的创意可不仅仅在于每个人的住房内部，即便出门在外，仍有许多关于"住"的创意作品。

简易智能屋是由深圳开放创新实验室推出的创意作品，该智能屋将丰富的传感器和控制装置与使用模式的变换结合起来，能够为用户提供光照、空气、音乐等功能组合，比如阅读模式、谈话模式、娱乐模式、睡眠模式等，用户只需要通过语音或手机控制即可调节所需的效果。

当这款创意作品得到完善并实现商业化时，出门旅游便不必再预约酒店，带上一间智能屋便可以随时出门旅游，实在是便利又省钱。

行

出门在外，我们无可避免地需要一些交通工具，尽管电动车的创作难度较高，普通人难以开展，但自己动手设计制作一辆自行车，仍然是可行的。

许多骑行爱好者都热衷于组装一台属于自己的DIY自行车，通过购置相关的配件，进行相应的改装创作出一辆独一无二的自行车。不过，有些创客则做得更为彻底，他们选择从零开始制作创意自行车。

国外设计师阿文·M（Arvind M）设计了一款名为"甜甜圈（Donut）"的自行车，这款自行车可谓名副其实，它的各个主要部位都可以进行折叠，在完全折叠后，整辆自行车便成为了一个"大圆圈"，大大压缩了自行车的体积，将便携性发挥到了极致。

出行的创意不只在于交通工具上，一些贴心的辅助设备也能让人备感温暖。

由国内创客团队创作的盲人领路器，就给无数视力障碍人士带来了便利。这款作品是基于Arduino开源电子设备平台制作的，其原理是利用超声波测距模块、扬声器模块、蓝牙模块等开源硬件实现距离和发生频率的变化，以实现为盲人引路的效果。不过，该作品在便携性上还存在一些问题，如果能够将这款盲人领路器与手杖结合在一起，做出一款"智能手杖"，那么又能成就一个杰出的创意作品。

在浏览完以上由来自各个领域的创客们推出的创意作品后，你会发现，创意离自己并不遥远。生活中的每一个细节，都能够成为创新触点，只要你拥有让生活更加美好的愿望，拥有一颗敢于改变、乐于改变的心，就一定能够发现存在于自己身边的创意宝库。

2.用创造性思维点燃创意

创意空间无处不在，但是从中提炼出具体的创意，还需要个人的行动。不要过度迷信所谓的"灵光乍现"，创意不会自己从天而降，而是需要通过思考与行动去寻找。在探寻创意的过程中，创造性思维是不可或缺的。

所谓创造性思维，就是一种具有开创意义的思维活动，能够开拓全新的认知领域，开创全新的认知成果。创造性思维包含的形式极为广泛，包括抽象思维、形象思维、直觉思维、灵感思维、发散思维、聚合思维、逆向思维、联想思维等，而这些思维方式，对于创意活动来说都具备重要的作用。

创造性思维是一种思维方式，先天的智力水平会对其产生影响，但更主要的还是需要通过后天训练来获取和提升。那么，在现实生活、学习与工作中，要如何训练创造性思维呢？

（1）全面提升感知能力

感知能力即感受周遭一切事物和事件的能力，而通过提高感知能力，能够让你更深入更全面地汲取身边的信息，而这些信息，往往就能提供创意灵感。走在路上多观察人和事，用餐时多关注食物的味道，多留意身边的色彩，多思考他人诉说的话语……即便只是一些不起眼的平常事，只要你能够多深入一些，就能有效地提升你的观察力、注意力、理解力等，而这些感知能力的提升则有助于你的创意发现能力。

（2）保持饥渴的求知欲

人们常说"好奇心害死猫"，但人毕竟不是猫，特别是对于创新人士来说，失去了好奇心，就等于失去了成长的动力。很多人求知欲有限，就是因为他们的好奇心有限，他们毫无疑虑地接受现象，却从不去深入思考现象背后的前因后果。拿起一款手机，如果你没有求知欲，那么你永远都是使用者；而如果你拥有求知欲，想要深入探求手机的各项技术原理，那么你就有可能成为研发者。保持求知欲就是要多问为什么，随着发问的不断深入，你也就会逐渐接近事物的核心领域。

（3）在思考时保持专注和清醒

对于创造性思维来说，思考自然不可或缺，通过思考去整合信息、梳理信息，并进行信息的启发再造，这是创造性思维诞生的重要方式。不过，有许多人投入思考的时间很长，但效率却很低下，这主要是因为他们在思考时没有使大脑保持专注和清醒。最好在每天的业余空闲时间，专门抽出一两个小时，暂时断绝与外界的一切联系，全身心地投入到对某一系统问题的思考中。你可以喝杯咖啡，播放一点轻音乐，尽可能使自己放松，这样思考起来往往事半功倍。

（4）关注真实体验

单纯的冥思苦想并不能取得很好的成果，创造性思维不是空想，结合真实的应用场景至关重要。不要把所有事情想得理所当然，理论与实践之间往往存在着巨大的鸿沟。很多时候，进行复杂的思考往往没有开展简单的体验有效果。不仅要关注个人的体验，有时还需要关注他人的体验，他人的真实想法能够有效推进创造性思维的调节与完善。

（5）善用思维导图

在进行头脑风暴或是做笔记时，不要无序地罗列内容，而是要善用思维导图，即用图文结合的方式，把各级主题内容用相互关联的层级关系表现出来。思维导图的运用，不仅能够使你思考的内容更具条理性，便于记忆、回顾和整理，还能够锻炼你的逻辑思维能力和信息总结能力。思维导图的运用还有助于发挥发散思维与聚合思维的作用，通过每一个层级主题拓展新的创意触点，或是通过不同层级主题的聚合来形成绝佳的创意。

（6）发现"意外"联系

所谓"意外"联系，就是在常规思维下并没有联系的两种或多种事物。然而在创造性思维下，世间的万物都可能产生联系，而这种联系往往就成为了优秀的创意。被誉为"最聪明的人类"之一的达·芬奇，在学术、发明、绘画等多个领域都取得了伟大的成就，这不仅仅在于其才智过人，还在于他善于发现不同领域之间的联系，许多在常人看来完全无关的领域，在他看来却都可以用相似的方式进行创新。当创客以跨界的思维去突破不同领域的屏障时，就会发现"意外"联系并不"意外"。

创造性思维的培养并不需要专业化的训练，抓住生活、学习、工作中的碎片时间进行感知、思考，多以创造性的思维方式去看待身边的细节，将之内化为一种自然而然的习惯，就能够借此点燃创意之火。

3.别找借口,你的障碍只有自己

在谈及创客时,有人表示,自己对发明创作也很感兴趣,但是自己完全处于没有时间、没有技能、没有资源的"三无"状态,成为创客似乎是天方夜谭。不过,这些所谓的主客观因素的障碍,实际上全是个人的借口。你认为自己做不到,是因为你自信不足、激情不足,而不是真的做不到。击破障碍,从自身做起,当你战胜了心中的顾虑和畏惧,成为创客并不困难。

每天一小步,前进一大步

击破"没有时间"的借口,关键在于积累。对于许多"兼职"做创客的人来说,确实很难有完整的空闲时间去投入到发明创作中,但是这并没有成为他们放弃行动的理由。每天有10小时可支配时间的人,可能花3天便可以完成一件创意作品;而每天仅有1小时可支配时间的人,只要坚持不懈,花30天时间同样也可以完成一件创意作品。我们反复强调了,创客就是实现心中的创新梦想,不用承担时间界限,也不用和他人去比拼速度,只要按照自己的步调踏踏实实地完成创意作品,就是一名成功的创客。

如果你觉得1小时太过短暂而放弃行动,那么你可能会因此失去无数个1小时。这无数的1小时,你可能会在闲聊、发呆、看电视的过程中不知不觉荒废掉了，没有丝毫价值。对于所有的非专职创客来说，能够利用的多半是碎片时间，如果放弃了碎片时间，那么就彻底失去了创新的机会。曾经有一位爱好写作的人，在每天繁重的工作结束后，都抓紧短暂的1小时去写下1000字，就这样不断积累，不到半年时间便完成了一部10万字的作品并顺利出版。进行创客活动也是一样，只要有心，时间绝不是障碍。

不可否认的是，1小时和10小时的练习或创作时间肯定存在差距，兼职创客和专职创客在能力上肯定有高低之别。不过，只要你能够完成自己有兴趣的创意作品，就算作品的技术含量比不上专业人士又有什么关系呢？立志成为专业钢琴家的人可能每天都要练习10小时，但对于钢琴爱好者来说，每天1小时的练习也足以提高琴艺，自娱自乐了。对于创客来说也是如此，无论是1小时还是10小时，都必须始终坚持才能出成果。

有志不在年高，有才不在身高

击破"没有技能"的借口，关键在于学习。创客不是在研究高端科技，不需要每个人都学习深层次的物理、化学知识，一些常规性的技能足以帮助你完成一些创意作品了。又有人说了，我年纪大了，不再像过去一样思维活跃，已经没有能力去学习了。实际上，他们失去的不是学习的能力，而是学习的热情。无论当前的知识水平如何，无论年龄大小，都不能阻挡一颗创客的心。

在2015年深圳Maker Faire上，这个以青年创客居多的展会中有一位高龄创客的身影。68岁的李伯带着他创作的算盘时钟，顶着烈日向参观者讲述使用方法和工作原理。李伯年轻时是一位工程师，在工作之余就特别喜欢

第 7 章　人人都能成创客

做些小玩意儿，在退休之后仍然没有放弃这一兴趣爱好。在被问及做了多少个业务项目时，李伯答道，"太多了，记不清了，我就是喜欢做这个。"

如果李伯这位68岁的高龄创客的创作激情还不能感染你，那么就让我们再认识一位低龄创客。

在首届白宫创客集市上，年仅14岁的创客西尔维亚·托德（Sylvia Todd）也带着自己的作品参与其中，尽管年龄不大，但西尔维亚·托德却已经是一位"老资格"创客。在谈到自己的创客经历时，西尔维亚说道："在5岁时，我作为'观众'参加了2006年在圣马特奥举办的创客集市，当时我深受鼓舞并立志成为一名创客。自那之后，我开始学习焊接，并拆解和制造一些小东西。在2009年，我就创建了个人节目，并在YouTube上主持创客秀。"西尔维亚还表示，自己还准备出一本书，向初学者展示如何使用开源电子平台来制作一些简单项目。

所以，年龄和知识水平不是阻止你学习技能、施展技能的阻碍，每个年龄段的人、每个知识层次的人都有适合自己的学习途径和学习内容，学习技能的道路永远不会关闭。

变废为宝，资源无处不在

击破"没有资源"的借口，关键在于创造力。创客们的作品涵盖范围极广，其中既有利用高端电子设备来制作的智能硬件产品，也有利用生活中的"废旧物品"来制作的小物件。对于没有创造力的人来说，废旧物品只是需要丢弃的垃圾；而对于有创造力的人来说，废旧物品却是潜藏着无尽可能的宝贵资源。

一些废弃的白炽灯灯泡、小刷子和各种颜色的颜料能做什么？在创客手中，变成了一个个可爱的企鹅宝宝模型；废旧的塑料瓶能做什么？创客们用剪刀和画笔制作了一个个既美观又实用的小型花盆；买鸡蛋时剩下的乘蛋器能做什么？创客们将其拆开、裁剪、上色，做成了美妙灵动的人造花朵……

实际上，创作资源无处不在，你所欠缺的不是资源，而是将资源转化为创意作品的创造力。

那如果想进行一些高端的创作要怎么办呢？你可以去寻找其他创客，或是寻找有相应资源的人，向他们租借工具。也可以去加入创客组织，那里有更加丰富的工具和资源能够为你所用。只要真正有决心去行动，一切问题都不是问题。

成为创客的障碍，归根结底都在于你自身。当你的内心不够强大，就会感觉困难重重且难以解决。而当你的内心足够强大时，所有的真实困难也都能够找到相应的突破口。人人都能成创客并非只是一句空话，现在就放下你的借口，投入到行动中，成为创客就在你的一念之间。

第 8 章

创客到创业，理想还有多远？

创客和创业，都是一个白手起家、从无到有的过程，因此许多人自然而然地会将创客等同于创业。不过，创客与创业是两个完全不同的概念，创业可以是创客的选择之一，但并非是必然道路，创客创业对于能力和精神的要求也要高于普通的创客活动。对于想要实现创业梦的创客来说，必须清楚：理想与现实的差距还有多远？如何才能实现从创客到创业者的蜕变？

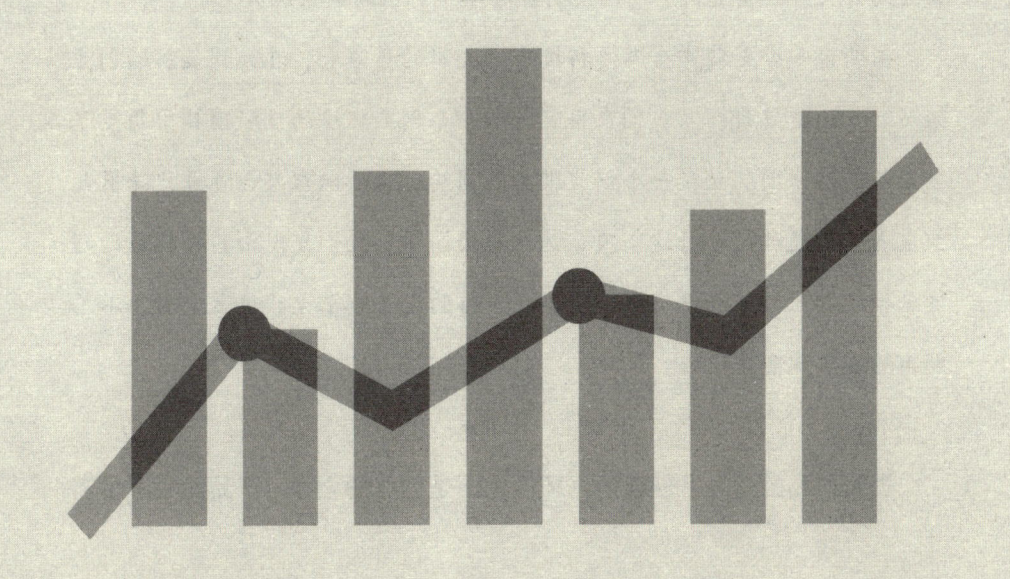

人人可以做创客 RENREN KEYI ZUO CHUANGKE

1.创业蓝海，未必游得轻松

在这个各行各业都崇尚创新的时代，想要成功创业，首先就要进行创新。无论是产品的创新还是模式的创新，创新层次越高，创业成功的概率也就越大。而创客活动就是发明创作的过程，就是一个研发创新事物的过程，因此，许多创客认为创客活动本身即是一片创业蓝海，能够实现与创业活动的无缝对接。可是，现实情况真的如此吗？

由中国政府网和中国网络电视台主办的"发现双创之星"活动上，被誉为南开大学"全能博士"的汤明磊分享了自己的创业经历。

汤明磊如今是闯先生网络科技有限公司的董事长，在谈到最初的创业经历时，他透露说："我们在当时是从一个创业环境的调研项目中萌生了创业的想法，团队做了一个创业服务的团购平台，以求整合资源，降低创业成本，但没过几个月这个项目就'泡汤'了。我们发现由科技项目的研发转换到创业环节并没有那么简单，当时的失败有很大程度上是因为不了解市场真实情况导致的。"

创新产品的研发是创业的一环但远不是创业的全部。产品无法满足需求，对市场估计错误会导致失败，除此之外，缺资金、缺渠道、缺平台也会导致项目中途搁浅或是后续推广不力，最终使创业活动面临失败境地。

当今确实是一个属于创业者的时代，互联网提供了无限的创业机会和空间，在"大众创业，万众创新"的思想指导下，政府相关部门也在大力支持青年创业。在2015年人人网发起的一项创业调查中，3872名接受调查的大学生中，有56.3%表示愿意尝试创业。而在海外归国留学人员中，也有50%左右的人最终选择了创业。然而，无论外界的机遇多么优越，氛围多么热烈，也改变不了创业成功率很低的事实。创业是一个九死一生的过程，甚至可能是一个九十九死一生的过程，站在光鲜舞台上的创业成功人士永远是少数，都是经历了无数残酷的竞争才走到了理想之路上。

创业不仅要面临着极高的失败风险，还需要过人的精力和抗压能力。汤明磊先生谈到，在创业之初时，他的父母和朋友大多都不理解、不支持，当时自己要每天连续工作15小时以上，最终不仅赢得了家人的认可，也为成功打下了基础。任何时候，创业都不可能轻松，哪怕是"万事俱备只欠东风"，如果"东风"迟迟不来，那么也可能会吞下失败的苦果。

创客创业，确实具备一定的优势条件。在精神上，他们乐于创新、敢于挑战，这也是创业者必需的精神特质；在物质上，他们进行的创意研发活动则有可能解决创业的方向和产品问题。不过，即便创客在进行创业时能够领先他人一个或数个身位，也无法确保自己一定能够在创业这场"障碍赛"中顺利抵达终点。对创业过于乐观，过于低估创业要面临的困境，是一种很危险的思想状态。

对于创客们来说，一个比较理想的创业态度是"不要为了创业而创业"，"在创作的过程中自然而然发现创业良机"。在成功完成一个创意作品后，不要匆忙地将之商品化，而是要考察清楚产品受众和后续推广问题。在找到一个好的创业项目时，不要觉得自己找到了一艘豪华巨轮，它也有可能是一艘随时会沉没的危船。而更为关键的是，你是否已经在身体上和精神上做好了创业的准备？无论你现在拥有多少具备优势的机遇，接下来要走的创业之路都必然遍布着艰难险阻。

2.创客和创业是不同"学问"

创客和创业的概念容易被普通人混淆,随着创客运动的普及和发展,创客与创业之间的关联关系不断深化,但仍然存在着极大的差异。

以创客运动在国内的发展为例,在创客运动发展初期,创客只是一群以兴趣爱好为核心,乐于分享并具备创新精神的新兴小众团队,与创业几乎毫无关系。随着参与人数的增加和活动的深入,创客开始形成社区化,一些专业化、技术化的作品也不断涌现,其中不乏有些创意作品获得了投资估值,一些创客团队开始组建公司,走上创业之路。而在社会创业浪潮的推动下,创客运动与产业发展发生了更紧密的联系,走上创业之路的创客越来越多,而创业也成为了许多创客开始慎重考虑的一个选择。

北京创客空间创始人王盛林说,他很喜欢用体育活动作类比,以此解释创客和创业的联系和区别。

创客 = 体育爱好者	创业者 = 职业运动员
创客精神 = 体育精神	创业精神 = 职业精神

王盛林认为,创客相当于体育爱好者,无论身体素质的好坏,每个人都可以参与其中;创客精神则相当于公平、竞争、友谊等最为基本的体育

精神，人人都能够做到。而创业者则相当于职业运动员，他们在身体素质和能力上要远远超过普通爱好者，并非每个人都能做到；创业精神则相当于职业精神，在基本的体育精神基础上，职业运动员还需要不畏伤病、拼搏不息、挑战极限，这需要更为强大的精神力量。

也就是说，人人都可以成为创客，但并非每一个创客都能成功创业，二者之间还存在着巨大的鸿沟。

从标的上来说，并不是每一个好的创客项目都是好的创业项目。一个精彩的创意未必就具备投入市场的价值，即便具有市场价值，如果无法在资本和渠道的支持下良好运作，价值也难以变现。

在"智汇U+创未来"2015海尔U+创客大赛中，海捷投资控股合伙人左健就旗帜鲜明地表态"创客≠创业"。他表示，创客手中真正好的创业项目很少，许多创客都是凭着自己的兴趣爱好去制作创意产品，而这种创意产品未必能够得到市场和风投机构的认可。最终，可能98%的融资、98%的市场份额、98%的利润都流入到了2%的项目中。创新并不困难，但是进行具备商业价值的创新却很困难。

即便创客的创意作品科技含量很高、技术水平很高，也未必就是一个好的创业项目。创业项目成功的关键在于满足市场需求、满足社会需求，而不是秀技术。如果不能很好地解决问题，即便是多么高科技的产品也难以成为一个成功的创业项目。

从内容上来说，创客解决的是从0到1的问题，创业者还需要解决从1到100的问题。对于创客来说，将自己脑中的想法变为现实，行动目标就完美实现了。而对创业者来说，产品成型后还有更加严峻的挑战，包括原型产品的商品化，商品的宣传与推广等等。

第 8 章 创客到创业，理想还有多远？

以实体产品为例，创客亲手制作一款硬件产品，其成本可能仅为50元，而通过大规模生产线的方式制造出同样一款产品，其成本可能会高达1万元，因为涉及到生产场地的租借、生产线的组装、人员的配备等，这些都是创业者需要解决的问题。创客的工作方式无法满足商品化的需要，一是时间和效率的问题，不可能完全凭借人力完成商品的量产；二是规模化成本的问题，虽然创客制作单个产品的成本很低，但却无法带来成本的减免，当生产数量很多时，总成本会十分惊人，而规模化生产会随着数量的增长不断压缩成本，最终生产一款产品可能仅需要原材料费用。

对于创客来说，创意作品的完成即是终点；而对于创业者来说，创意作品的完成只是起点。原型产品完成之后的融资、生产、销售乃至品牌化等，其工作的分量和难度可能会远远超过产品的研发与创作。

当然，商品化未必是每一个创客的目标，创客的成功与否也不是以创意项目是否实现商品化作为评判标准的。但是对于立志要走上创业之路的创客来说，必须认清创客活动与创业活动之间的巨大差异，要认识到创业活动要远比创客活动更加艰辛、凶险。从创客到创业者，必须不断学习积累，方能完成蜕变。

3.创客到创业者，需要哪些蜕变？

创客与创业之间的巨大鸿沟，需要破茧成蝶才能成功飞越。那么对于想要成为一名合格创业者的创客来说，要学习哪些全新的知识，完成哪些方面的思维和行为转变呢？

（1）别再让主观想法主宰行动

创客在思想和行动上可以更加"自我"，无论是创意的方向和内容，还是创意的实现方式和进程，都可以由自己的主观想法作出决策。甚至有时候，排除外部声音、始终坚持自我更有利于创客的成功，需要尽可能"由着性子"去创作。

不过，在成为创业者之后，你的思维和行为都会受到很大的限制，要更多地考虑客观因素。比如，你不能再只凭借自己的兴趣爱好去决定项目的方向和内容，而是要考虑这一项目是否有市场潜力，市场价值能否兑现；你也不能再自由地决定项目的开展方式和开展进度，而是要考虑产品投放市场的时间，考虑客户与投资者的要求等。

创业者可以有自己的坚持和原则，但不能无视客观的市场环境，如果一味地坚持不合潮流、不被认可的错误主张，那么必然在最初的方向性上发生重大错误，最终一败涂地。

（2）习惯适应和调整

优秀的创客是充满激情、不听劝阻的梦想家，他们不会过于在意他人的观点和意见，只会尽可能实现自己心中的想法。而优秀的创业者则是完美的倾听者，他们有自我主张，但同样会基于客户的反馈不断作出惊喜的改进。

这种改变听起来简单，但做起来难。越是优秀的创客，骨子里就越是有一股"倔脾气"，他们关注的只是创新，而非他人是否接受这种创新。假如你花费数月辛劳做出一款原型产品，在将其展示给客户或投资者后，却被告知希望对产品在造型上、性能上都进行调整，你是否能心平气和地坦然接受？这是每一个创业者都会面临的挑战，必须勇于去了解客户的真实需求，而不是凭借臆想去猜测需求，必须"强迫"自己变为一个善于倾听反馈意见，并不断进行适应和调整的人。

一个优秀的创业者，既要成为"顽固的反叛者"，去创造前所未有的新事物，也要具备面对反对意见的勇气和乐于改变的务实态度，做到精益求精。

（3）做好产品只是刚刚开始

做好产品是创客的终点，不过却是创业者的起点。一个好产品是成功创业的基础，在此之上的融资生产、营销推广对创业者来说更为关键。

你需要对产品的外形进行包装设计，需要为产品想一个极具吸引力的宣传语，需要和客户、商家、投资者直接或间接地打交道。这些挑战可能都是未知的、艰巨的，但也是必须去完成的。你可能需要改变腼腆的个性，大胆地提出自己的见解；你可能需要学会适度"吹牛"，强势地展示自信心；你可能需要掌握谈话的技巧，用非凡的魅力去征服客户和投资者。

做好产品距离成功创业还很远，除了以上内容外，你还需要根据客户的反馈意见以及市场变化来对产品进行迭代。再好的产品也不可能十全十美，一定需要不断地优化才能始终在市场中立足。

（4）做统筹全局的领导者

当你只是一名创客时，不需要思考太多问题，只需要埋头思考、实现创意即可。而在成为一名创业者后，你就不能只顾着自己，而是要成为一个统筹全局的领导者，不断学习管理知识并加以实践。

你会拥有一支团队，你需要领导这支团队，充分发挥每一个人的才能，完成共同的目标；你必须制订一个合理详尽的执行计划，并确保整个团队都能按照计划去执行；你需要及时发现问题，并尽快作出决策，提出解决方案……

创客的角色是单一化的，而创业者的角色则是多样化的。创业者必须要成为"全能选手"，要成为团队内部的研发者、监控者、协调者、决策者、责任者，能够始终将创业的重担扛在肩上。

（5）学会和"钱"打交道

创业者不能只讲理想、只讲情怀，更重要的是谈"钱"。赚钱必然是创业的目的之一，而赚钱也是使创业活动持续下去的关键动力之一。

创业者必须清楚，钱花在什么地方更有助于业务的扩张，更有助于创业公司的成长，必须要牢牢把控自己手中的现金，太多的创业公司是因为没有控制好现金流，最终资金短缺而被迫关门。你要学会同意向投资人和投资机构洽谈，要学会运用多种方式融资，确保项目和公司有钱可"烧"。你要学习财务知识，未必一定要亲自去做会计工作，但一定要能看懂"财务三表"（资产负债表、现金流量表、损益表），这样才能及时地发现财务问题，确保创业公司的资金安全。

创业者不能只做一个"高冷"的研发者，而是要成为"世俗"的经理人，必须要无时无刻不和钱打交道，找到筹钱之道和花钱之道。

从创客到创业者，首先是思维上的转变，要以创业精神融入到创客精神中，以客观思维代替主观思维；其次是行为上的转变，需要学习管理、营销、财务等一系列知识，不断强化自身的领导能力。角色的转换绝非易事，始终保持谦虚的态度、改变的勇气、学习的热情是成功的关键所在。

第 9 章

组建创客团队 Go

成功创业，无法仅凭一己之力去达成，而是需要一个优秀且稳定的团队。创业者需要搜罗志同道合且能力互补的人才，将他们糅合为一个创业团队，形成合力实现创业愿景。而对于创客创业来说，寻找团队成员的最佳方式就是将目光放在创客群体中，组建一支创客团队。

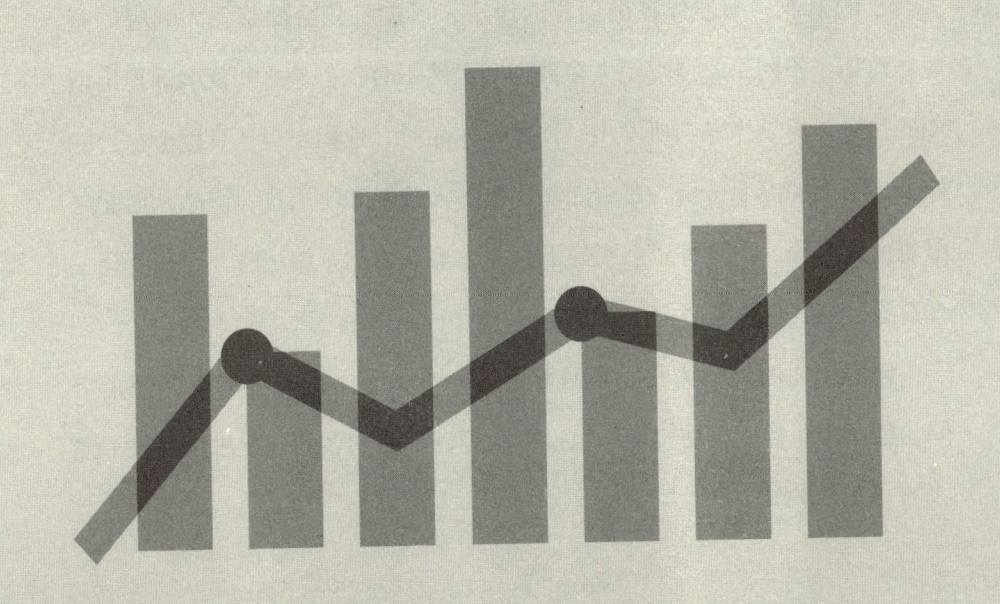

1.创客，不是一个人在战斗

创客，并不是孤独的创意实现者，而是快乐的创意分享者。当你完成一件出色的创意作品时，你的创客伙伴们会发出祝贺；当你提出一个绝妙的创意项目时，有兴趣的创客伙伴们愿意和你共同去实现。在这种共同的创客精神和氛围下，创客的创业之路，也不再形单影只。

随着国内的创业氛围越来越浓厚，从创客之路走上创业之路的人也日益增加。在这种趋势影响下，创客寻找"创业小伙伴"也变得更加容易。在过去，绝大多数创客只是抱着"玩"的想法，而不会将制作创意作品作为自己的事业，即便你提出创业的想法，可能也只会面临无人响应的窘境。而如今不同了，虽然绝大多数创客仍然不会在创作之初就明确提出创业的目标，但是当成功研发出一件优秀作品时，他们也会认真思考是否能挖掘出更大的商业价值，是否能够让更多人接触和使用这一产品，创业之路也由此显现。在这种思想引导下，当你再提出创业想法时，可能就会一呼百应，得到众多创客伙伴的响应。

创客创业的支持力量，不只是来源于个人创客的思维转变，创客空间、创业孵化器、天使投资和风投机构等，都为创客的创业之路提供了强大的"火力支援"。

北京创客空间仅仅用了3年时间，就拥有了500名左右的会员，1000平方米的创作场地，还购置了大型3D打印机、机床、电子设备等。北京创客空间在成为广大创客交流、合作的平台外，还兼备了创业孵化器功能。创始人王盛林介绍说，创客空间不只是教会员如何"从0到1"，还会帮助他们实现"从1到10"，只要有会员有了一个具备商业价值的想法并做出原型产品后，创客空间就会为其提供一系列创业支持。

比如，某一个创业团队的产品需要一块电路板，而一块电路板上又有上千个元件，每一个元件上又有更小的电容、电阻，而单是生产电容、电阻的供应商就不计其数，许多创业者根本无从选择。而创客空间就负责解决此类问题，创业者不必再一个个地去接触供应商，创客空间会直接与优秀供应商建立合作关系，消除创业者的选择困难。同时，借助创客空间较为强大的谈判能力，还能从供应商获取一定的优惠及增值服务等。

不仅如此，北京创客空间还会主动"撮合"创业团队。当发现内部的某位成员萌发了创业想法时，北京创客空间便会请该成员"退出"组织，并从内部及外部协助其寻找一批有着相同兴趣和创业想法的人，组成一个创业团队，共同谋求一份成功的事业。

北京创客空间建立的一系列机制，只是创客创业支持力量的一个缩影，在全国范围内，还有众多的创客空间以及政府相关部门通过各种方式支持创客们的创业活动。

所以，对于每一位创客来说，无论是基于兴趣还是基于创业目标开展创客活动，都不是一个人在战斗，完全可以凭借个人以及其他支持力量来组建一支共同为目标奋斗的团队。而一个强大且稳定的团队，也是实现创业目标、追寻创业愿景的基础性力量。

2.发现具备创客精神的"创业合伙人"

工业时代是职业经理人的时代，一位职业经理人的个人能力就有可能决定一家大企业的成败。而互联网时代是合伙人的时代，特别是对于创业企业来说，一个凝聚力强大、能力互补的创业合伙人团队将有助于排除创业路上的诸多阻碍。所以，组建最初的创业团队，必须以寻找合伙人的思想去寻找团队成员。

为什么合伙人在当前时代下变得如此重要？这主要是源于商业环境的快速更迭。在工业时代，无论是技术的竞争还是模式的竞争，其变化都相对较缓慢，一个企业的成败，很大程度上取决于其资金运作能力、渠道推广能力、生产成本与效率控制能力等，因此，在董事会领导下的职业经理人将发挥出重大作用。但在互联网时代下，大量新创企业不断涌现，据统计，在创业高峰期，北京市每天的创业企业就有多达五六百家。这种环境使得商业竞争的速度不断加快，所有的创业企业都需要面对高速化的迭代更新，在极短的竞争周期中快速学习和成长，因此需要一群拥有不同知识、经验、技能、资源的合伙人相互弥补和补充。与职业经理人相比，合伙人更容易快速形成一个具备强大能力的领导班子，适应快速更迭的市场环境。

除此之外，创业合伙人团队还能提供一种深层次的信任，你所需要寻找的不是一个唯命是从的下属，而是一个共同思考、行动、并肩战斗的"战友"，是一个你真正敢于将自己的"后背"托付于他的人，是一个能够共同分享胜利果实和共同承担失败后果的人。

真正好的创业合伙人寻找不易，不仅需要投入时间和精力，可能还需要一些运气。小米的雷军经常说，他在创业之初有70%的时间都用于"找人"。他所寻找的不仅仅是人才，更是能够共同奋斗的创业合伙人。而新东方的创始人俞敏洪则说，创业合伙人是"碰"出来的，不仅需要借助圈子的力量去寻找，还需要一些"缘分"。

对于雷军和俞敏洪来说，他们之所以对寻找和选择创业合伙人如此慎重，关键就在于他们要确保合伙人在能力互补的前提下，还要具备相同的愿景和价值观，如果没有统一的目标，不仅难以形成合力，甚至还会造成拆伙。那么，对于投身于创业事业的创客们来说，如何寻找具备相同愿景和价值观的创业合伙人呢？从具备创客精神的群体中寻找不失为一种高效的选择。

创客精神，是属于真正的创客们的一种共同价值取向，在创客精神的引导下，创客们很容易在一些事务及决策上达成有益的共识。比如，在产品设计方面，不同创客可能有不同的观点和想法，但是他们必然有一个共同的理念，那就是创新。创客们不会在产品是否应该追随市场潮流，模仿成功产品上产生分歧，因为他们都希望推出市场上未曾出现过的全新产品。尽管创新产品未必一定能够取得市场成功，但在当前的市场环境下，创新产品无疑是具备强大竞争力的。除此之外，在任务分解、工作流程等具体的执行环节，创客之间也更容易开展紧密的配合，提高执行的效率。

寻找具备创客精神的合伙人，通常有两种方法：第一种是借助"缘故法"在交际圈中寻找，可以通过个人圈子寻找创客伙伴，再通过朋友的圈子去寻找"伙伴的伙伴"，最终形成一个完整的团队；第二种是在创客空间及创客组织中"挖角"，通过在创客"聚集地"中发表创业的项目、理念、目标等内容，吸引有兴趣、有能力的创客加入创业团队。

创始人圈子的文化会直接影响到创业公司的文化氛围，由同样具备创客精神的合伙人组成的创业团队，能够在无须协调、无须确认的情况下形成一种统一的、良性的文化氛围，这既有利于在创业团队内部形成和谐关系，也有助于创业公司的稳定成长。

3.创客团队必备的三种人才

组建创始人团队,不仅要在知识、经验、技能、资源等层面形成互补,还需要在职责、性格等层面无缝对接,这样更有助于创业项目在方向上的正确性和在执行中的可行性。通常,在一个由创客组成的创业团队中,需要具备创意者、协调者和执行者三种人才。

(1)创意者

创意者负责创业项目的顶层设计,他们需要根据创业项目的目标及理念,对产品的外形、功能等方面进行设计,并确保其在技术上可行。

创客团队中的创意者,通常由团队中创新能力、技术能力最顶尖的人才来担当,确保他们对技术和创新有着狂热的执着。创意者并非只是提供创意,在创意得到一致通过后他们就要"摇身一变"成为创意的实现者,以最快速度、最高质量使原型产品成型。

在团队内部,要为创意者提供足够的创作空间,确保他们在创意设想和提出阶段不受任何限制和阻碍,这样才更易催生出最佳的创意。在很多情况下,创意者提出的好方案未必能成为一个商业上的好项目,但是没关系,还是要鼓励创意者不断追寻创新,根据商业需求和市场环境对初始方案进行修改,可以之后再进行。

（2）协调者

创意者提出的创意方案尽管在技术上可行，但未必在市场中可行，此时就需要由协调者对接，进行创意方案的修改和调整。协调者需要根据市场需求、生产要求，以及商业化运作等方面对创意项目提出更为"实际"的改进意见，并同创意者协商以达成一致。

创客团队中的协调者，需要由既能看懂技术，又能看懂市场的双向人才来担当，他们既要能够根据创意方案来评估产品的技术含量、生产成本和难度等，又要能够根据市场实际环境来评估创意方案是否能够满足具体需求，是否具备市场潜力等。同时，协调者还需要具备良好的沟通能力，要能够将修改意见及其理由清晰地展示出来，并与创意者共同探讨最终的修订方案。

在团队内部，要赋予协调者足够的话语权，使他们能够毫无顾忌地提出自己的真实想法。更关键的，是要在创意者和协调者之间搭建一种和谐共处的合作关系，保证双方能够在不同的声音中达成共识，而不是因为意见相左就争论不休。

（3）执行者

执行者主要负责的并非是创意方案的实现，而是原型产品成型后的后续生产、市场营销、渠道推广等工作的执行。

创客团队中的执行者，需要由规模化生产和市场推广方面的行家来担当，他们必须是实干家，能够快速地落实项目方案，并严格地把控项目进程。执行者需要理解由创意者和协调者确定的最终方案，并随时与其沟通以确认方案执行的进程和效果符合预期。

在团队内部，要给予执行者在行动上的自由度，在快速化的市场环境下，如果所有事物都一一反馈和探讨，很有可能会错失良机，因此，对于一些执行者有能力、有信心作出的决断，可以允许他们"先斩后奏"，保证执行的效率和成果。

在创客团队中，以上三种人才缺一不可。失去创意者，创客团队就失去了创新的强劲动力；失去协调者，创客团队的项目很有可能会脱离市场、脱离实际；失去执行者，创客团队的项目难以实现商业化运作并兑现商业价值。所以，一个成熟的创客团队，必须形成以创意者、协调者、执行者为核心的三位一体架构，确保合理项目方案的确认、原型产品的快速产出以及后续商业运作的成功。

第 10 章

创客管理学

> 创客团队是由具备相同目标、相似价值观的创客组建的，成员之间能够借此产生良好的化学反应，但这并不意味着创客团队中不需要管理元素。即便是一个非商业化的创客组织，也需要有一个统筹全局的人对组织中的各个项目、整体方向等进行管理。而对于以创业为目标的创客团队来说，一个科学的管理机制更是统筹团队达成商业目标的关键所在。

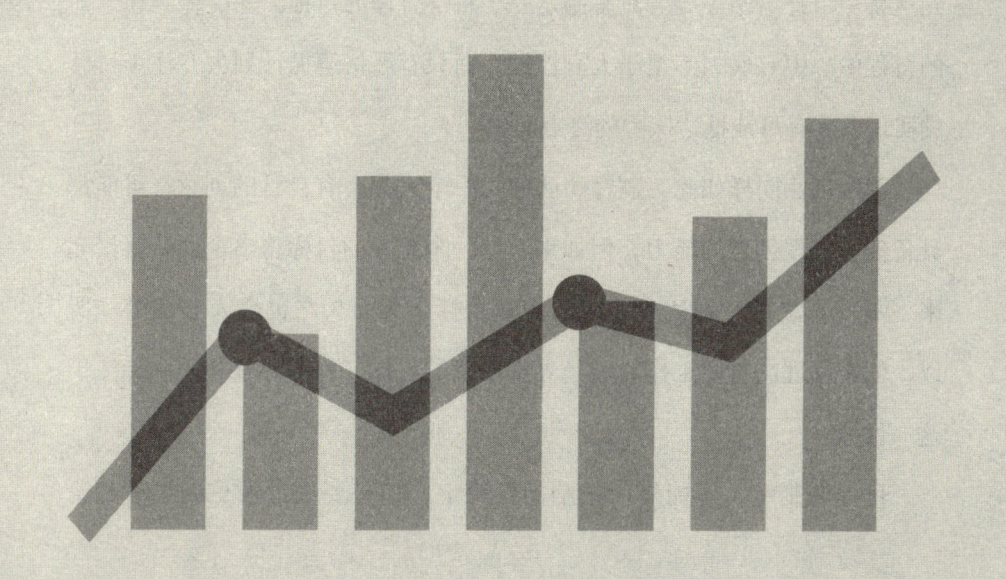

1. 目标聚人心，专注才能实现

对于一个创业公司来说，愿景不可或缺。一家公司的愿景，不仅从战略层面确定了发展方向，而且也为整个团队树立了一个里程碑，让整个团队能够朝着正确的方向稳步前进。

创业路上的艰险不亚于南极探险，一步不慎就可能面临生死存亡。成功的南极探险团队，不可能抱着走一步算一步的想法，他们需要在事前进行缜密的计划，确定探险的时间、出发的地点、携带的物资等基本事项，在正式启程时，他们还需要确定方向与行程，确定每天需要行走的距离、到达哪一个补给站等等。只有制定一个科学合理的目标，才能做到在未知的行程中心中有底，不至于人心惶惶。而只有严格遵循计划去专注于目标的实现，才有可能抵达探险的终点。

创客创业同样如此，创客团队中每一个人都会有自己的创意，可能都具备独立实现创意的能力，但如果不以一个统一的目标将整个团队凝聚起来，不仅无法按计划达成相应的商业目标，久而久之也会人心涣散。所以，创客管理的首要工作，就是界定明确的目标，并引导整个团队专注于这一目标。

目标的制定，不能靠"拍脑门"决定，而是要经过慎重的思考和论证。一个不科学、不合理的目标无法起到正面作用，还有可能将团队引向错误的方向，白白浪费时间和资源。而一个科学合理的目标，需要具备以下四个原则。

（1）目标的可量化

在设定团队目标时，无论对于长期目标还是短期目标，都要确保其是可量化的。对于一些无法实现量化的目标，则要确保其能够实现质化。总而言之，就是要确保目标具备具体的数据以及可衡量的标准。

目标的可量化能够保证目标是可分解的，而通过目标的分解更容易为团队达成目标注入信心。当我们要开启一场马拉松赛跑时，可能需要鼓起巨大的勇气，但如果只是进行百米慢跑，任何人都可以轻易起步。目标的分解就是将一个类似于马拉松赛跑的长期目标分解为众多类似于百米慢跑的短期目标，为团队注入行动的决心。

（2）目标的可行性

科学合理的目标必须是可行的，即可以通过努力去实现的。这不仅要确保目标能够通过当前的技术手段来实现，还要考虑到团队的技术能力、资金能力、运作能力等。

对于创业团队来说，最为理想的可行性目标应当略高于团队总体能力，低于团队能力以及远远高于团队能力的目标都是不可取的。比如，一个人当前的体能能够完成10公里慢跑，如果将目标定为9公里，无法发挥他的最大能力，也无法激发他的潜能。如果将目标定为20公里，以他当前的体能根本无力实现。而如果将目标定为11公里，则可以拼搏一下完成目标，同时还有助于体能的提升。

（3）目标的实际性

目标的可行性是根据团队内部能力来评价目标是否科学合理，而目标的实际性则是根据团队外部环境来判断目标是否切合实际状况。比如，某一创意项目得到了团队的一致通过，团队也有能力以最快速度去实现它，但是该创意项目没有得到市场的认可，前期用户对其反响平平，那么这一目标就是缺乏实际性的。

目标的实际性，更多的是指目标在商业上的实际性。对于以创业为目标的创客团队来说，必须要考虑到甚至要主要考虑项目的商业价值及其兑现能力，一个不具备长远商业价值的目标无法支撑创业公司的生存和发展。

（4）目标的时限化

目标的设定必须要包含期限，要有具体的时间限制。惰性存在于每个人身上，如果没有时间上的限制，就很难激发出团队的最大动力。

一方面，有了明确的时间限制，能够更清晰地把控项目进度，界定每一位团队成员的具体任务，并根据项目进程中的具体状况对执行工作作出必要的调整。另一方面，目标的时限化也是确保项目商业价值的重要因素。比如一个很好的创意项目，由于没有完成时间的限制，整个团队历时两年才将其完成，但却有另外一家公司于数月前就推出了类似的产品，这时团队的这一项目的商业价值便会大打折扣。

一个科学合理的目标设定并不是终点，关键还要引导整个团队始终专注于共同的目标，如此才更有助于目标的快速实现。这更要求在设定目标时要慎之又慎，目标可以根据市场环境的变化进行微调，但不能随意地、频繁地在大方向上随意变动，否则创业公司可能一事未成便已面临资金、资源消耗殆尽的窘境。

一个创业公司能否顺利成长，主要取决于团队成员对共同目标是否足够专注。在团队前行、公司发展的道路上，目标起到了灯塔的作用，给团队指明前进的方向。而作为管理者，只有带领全体团队成员紧盯着目标，专注于愿景，才能做到心无旁骛，迅速实现发展的愿景。

目标管理是企业管理的重要一环，对于不缺乏创意能力和执行能力的创客团队来说，借助于科学合理的目标，能够使整个团队按照统一的步调最大化自己的才能，在创业行动中形成最强的合力。

2.有兴趣更要有责任

创客是以兴趣作为主要动力的创新群体，无论是专职创客还是兼职创客，兴趣可以赋予他们足够的动力，并支持其实现自己的创意想法。但是，当创客投身于创业活动中，成为创业团队中的一员后，就不能再只遵循兴趣而行动，更要树立强大的责任心，为职责而行动。

兴趣是不可忽视的动力源泉，如果能够让团队成员去做他们感兴趣的工作，能够自然地激发他们的激情与活力。但同时，兴趣也有着极大的不确定性，你无法确保一位成员的兴趣长期保持不变，也无法确保成员的兴趣与团队的目标能够保持一致，因此，在兴趣之余，还需要以责任去平衡团队成员的行为。仅以兴趣而行动和将兴趣与责任兼顾，是区别非商业创客活动与商业创客活动的关键元素。

非创业团队中的创客，不需要考虑项目的使用价值、商业价值等因素，只需要去实现自己感兴趣的项目即可。同时，他们可以按照自己感觉最舒适的步调去安排项目的实现流程，即便中途放弃或失败也不需要承担任何责任。但这种模式，显然不适合一个"创业人"。

对于创业团队中的创客来说，不可能再完全按照自己的想法去行动，在提出一个项目时，就要确保该项目具备可见的商业价值及发展前景，并确保该项目是可实现的。创客也不能再完全根据自己的兴趣来选择自己是否要加入某一项目,而是只能从几个项目中选择自己相对喜欢的项目,或是在一个项目中选择自己相对喜欢的工作内容等。同时,创客在接下一个项目或一项工作内容后,不能再完全自主地决定工作进程,而是要根据项目总体进程及具体的工作要求来完成项目进度,只能提前不得延后,更不能中途放弃。而无论在工作中出现任何非客观因素的差错,执行者都需要对此承担相应的责任。

非创业团队与创业团队对于创客的诸多不同要求,不是对创客们的限制和压抑,而是在共同目标指导下的一种基本职责。选择了创业的创客,就成为了创业团队的一员,成为了创业公司的一员,不仅要对自己负责,更要对整个团队和公司负责,万万不能将个人的意志凌驾于团队与公司的利益之上。

仅以兴趣而行动,在遭遇难以逾越的困难时就容易轻言放弃,但在责任的激励下,则能在困境之下发挥最大的潜能,克服巨大的障碍。兴趣,实现的仅仅是自身的价值;而责任,则能够实现自身与团队的价值。对于创业团队和创业公司来说,以责任作为根基,在此之上延展成员的兴趣,才能实现健康的、稳定的成长。

对于创客来说,自己之所以选择某一创业项目,就证明这一项目不可能同自己的兴趣背离,但也要清醒地认识到,创业项目不可能同自己的兴趣完全相符,随着创业活动的深入开展,这种差异性也会不断放大。平衡兴趣与职责,以职责为重的同时兼顾兴趣,才是一个职业人应有的态度。而对于创业团队的管理者来说,如何强化成员的责任意识,在确保目标完成的前提下,尽可能贴合或满足每一位成员的兴趣,也是职责之所在。

3.尊重和空间,创客不可或缺的"营养"

　　创客团队,一定是一个创新团队。而投入到创业活动中的创客团队,也一定是以创新而非资金或资源作为最大推动力的。因此,对于一个创客团队来说,创业的成败,主要取决于能否最大限度地激发整个团队的创意思维和实现创意的能力。

　　创客们不缺创意,但是在创业行动中,由于创意规则和环境的改变,创客们也要面临许多全新的挑战。在非商业化的创客活动中,创客们不需要考虑创意的商业价值、实现难度等因素,不需要承担创意失败的后果,这种完全自由化、轻松化的环境也赋予了创客最为强大的创新动力。然而,当创客们加入到创业团队,投入到一个共同的创业目标后,这种自由化的创新环境必然会受到不同程度的限制。并不是说投入到创业活动中的创客就无法产生好的创意,在商业化和任务化的规则下,创客的创意广度势必会受到影响,不过相应地,创客的创意深度则能够得到最大化的挖掘。

　　那么,如何才能在受限制的环境下最大限度地激发团队成员的创意呢?对于创客们来说,在为其提供高薪资、高福利之前,给予他们足够的尊重和空间往往更为重要。

　　对于创客们的尊重,除了社会层面上的基本尊重外,更要尊重他们的创意想法以及研究成果。创客们提出的创意项目，未必具备市场可行性，未必符合创业公司的阶段性需求，但不能因此就奚落他们的创意，更不能责怪他们胡思乱想、浪费时间。管理者不仅要鼓励他们继续保持创新动力，也要将他们的创意项目无法实现的理由详尽地阐述，寻求他们的理解，这样他们也能有修改创意或是制定后续创意项目的方向，保持创新动力。而对于一些因技术、资金、资源的限制而无法在现阶段实现的项目，则可以专门建档进行集中统计和保管，待创业公司进一步发展后再重新进行探讨。

此外，在创客们的日常工作阶段，也要给予他们足够的信任，这也是尊重的一个重要表现。管理者对于创客日常工作的监管和把控，不能像老师检查学生做作业一样，无时无刻不仔细盯着，详细检查每一个细节。对于项目进度的监管和把控自然疏忽不得，但管理者可以适度降低频率，比如对于一些非关键项目，可以由一天一查改为三天一查。对于一些不注重过程的工作，也可以只看结果而不过问实现的具体流程。同时，管理者也应当鼓励创客成员们在工作中出现问题时及时上报，确保能够及时发现问题、解决问题。

在创业公司中，计划式、任务式的工作模式很容易使创客专注于眼前的工作而失去持续创新的动力，因此，管理者应当通过多种方式为成员们提供创新空间。

作为互联网时代发展得最为快速的新兴企业之一，谷歌在鼓励员工创新方面就有一套行之有效的内部机制。20%时间政策是谷歌为员工提供的创新空间之一。该政策规定，每一位员工在完成本职工作的前提下，都可以将每周最多20%的工作时间，用于自己感兴趣的事情或项目中，发挥自己的创意和才智。据统计，谷歌许多极受欢迎的创新产品的创意雏形，都源于这不起眼的20%时间中。

创业公司同样可以学习谷歌的这一政策。许多创业者深受创业压力影响，总是希望所有团队成员都能抓紧每一分每一秒，但这种"逼迫式"管理往往适得其反。特别是对于创意工作者来说，一味地投入时间未必一定能够产出创意，有时一个没有任务压力的自由空间更能激发创新灵感。

除了为成员们提供自由化的创意空间，在工作模式上也可以根据实际情况进行一些人性化的调整。比如，可以施行自由工作时间制，只要每天能够保证8小时的工作时间，团队成员可以在不影响工作交接与团队合作的前提下自行决定工作时间，既可以选择"朝九晚五"的正常工作时间，也可以选择在夜间开展工作。再比如，还可以施行自由工作地点制，对于一些对设施设备要求不高的工作，可以让成员们在家完成，这样不仅能让他们处于最为舒适的环境中，也节省了他们上下班路途上的时间。无论是自由工作时间制还是自由工作地点制，其实都是为了给创客们提供相对宽松的创新环境，让他们选择自己最喜欢的方式来开展工作。

尊重和空间，是创客创新的土壤，如果只是不断地用指标去"压迫"创客，用各项任务去填充创客的时间，那么他们也只会交出单一化、模式化的结果。创客管理不同于传统的员工管理，他们本身即是乐于在自由化环境下开展工作的创新人才，因此管理者必须满足他们对于尊重和空间的需求。

4.自由≠放纵，制度不可少

在管理创客团队时，管理者需要为他们提供相对自由的工作环境，但是自由不等同于放纵，一些内部管理制度必不可少。每一位创客，对于工作自由度的需求都会有所不同，不可能完全满足每位成员的愿望。更重要的是，在创业团队的总体目标的要求下，必须有一个明确的、统一的标准，指导、约束全体成员的行为，如果每个人都随意按照自己的意愿行事，很容易破坏团队的氛围和凝聚力，导致团队一盘散沙。

创客团队的管理者需要在环境的自由和制度的约束之间寻求一个平衡点，这也就决定了传统的管理制度无法适用。管理者可以以互联网时代的管理思维为基础，结合创客精神以及团队成员的具体需求，制定一个具备高度适用性的管理制度。

一个理想的创客团队管理制度，应当具备如下特征：

（1）组织扁平化，管理去中心化

层级严明的传统组织架构、中心化的管理方式无法适应创客团队，这不仅无法构建一个良好的创新环境，也不利于信息的沟通与扩散。

在创客团队中，应当为每位成员设定职责而非职级，每位成员职责不同，但在地位上并没有高低贵贱之分，相互之间可以随时平等地提出意见建议，即便是团队管理者也不例外。但同时，也要确保管理者的监管权和决策权，以保证团队中有一个"主心骨"，能够控制成员的行为，以及在意见不统一、不明确时果敢地下达决断。

而管理的去中心化则需要在创客团队内部进行充分授权，让每一位成员都能够在自己的擅长领域和职权范围内进行简单的决策，而不必一一上报。管理的去中心化不仅能够营造一个相对宽松的管理氛围，而且也能够大幅提升管理效率。

（2）原则明确化，细节模糊化

传统的管理制度试图在每一处细节上都能严格把控员工的行为，但在创客团队中，这与搭建相对宽松的创新环境相悖，因此需要制定一种全新的管理制度。

创客团队的管理制度应当遵循"原则明确、细节模糊"，在一些关键的原则问题上应当不偏不倚、不予妥协，而对于一些非关键问题，可以不予以明确的、详细的规定，让团队成员自我选择、自我约束。

相对模糊化的管理制度更容易引导团队文化的形成，发挥团队文化的引导和约束作用。当团队全体成员都能够遵循统一的团队文化开展日常工作后，制度就能成为一种隐形的"保险丝"，使团队感受不到制度的存在。

一个明确的制度不仅适用于创客团队的管理，同时也适用于创始人圈子。许多创业者在寻找和搭建合伙人团队时，往往是凭感情判断、以感情联系，但是缺乏制度约束的感情也很容易脱离控制。创始人圈子不能只谈感情，明确的合伙机制也不可或缺。

有许多大学生创业者习惯拉上同学或好友开启创业之路，表面上看这似乎能够搭建和谐稳固的合伙关系。但实际上，由于这类团队很容易将感情置于最高位，团队内部缺乏绝对的核心和掌控者，一旦发生利益冲突或理念冲突，很容易导致团队拆伙。

所以，创业者在搭建合伙人团队之前，必须就目标、职责、利益分配、决策核心等要素制定一个初级的合伙制度模型，待合伙人团队正式成型后，再根据具体情况完善合伙人制度，在保证各合伙人的地位和利益都相对平等的同时，使全体合伙人的行为都能"有据可依"。

制度与自由，并非是相互矛盾的。只有依照受到集体认可的制度行事，才能在不损害他人自由的同时保障自身的自由，对于国家抑或是企业都同样如此。所以，在搭建自由化环境的理念下制定一个受团队成员认可的制度，既是有效管理的保障，也是团队自由的保障。

第 11 章

创客战略规划

企业战略规划，就是设定企业的长期战略目标并将之付诸实施的一个过程。战略规划是企业的最高行动纲领，战略是否具备正确性和有效性，是决定企业成败的根本因素。对于创客创业者来说，如何在创业之初制定一套明确、完善的战略规划，并在创业阶段的关键行动中落实战略，将直接决定创业公司的生死存亡。

1.定位：客户在哪儿？需求是什么？

创业公司失败的因素有许多，资金链断裂、运营不善、产品研发生产不力等，都有可能使一家创业公司在襁褓中陨落。不过，对于创客创业者来说，一个特别值得关注的失败因素是，因对产品与市场需求判断错误所招致的失败。

创客团队不缺乏产品研发能力，在条件允许的情况下，创客团队的每一位成员都有能力在一天内提出一个创意项目，并在数天之内完成原型产品。强大的产品创新和研发能力对于初创公司来说似乎是一种强大的竞争力，但在商业世界中却未必能始终奏效。

对于创客们来说，从非商业化创新活动转移到商业化创新活动中，面临的最大挑战就是如何将创意与商业价值对接。在创客精神和创客创新模式的影响下，创客的创意项目往往会陷入两种不利于商业化的状况：一是创意项目太过"前卫"，无法取得普遍性的认同，或是在当前的环境下无法适用；二是创意项目缺乏实用性，创客的许多创意作品从形式上和技术上看可能是有趣的、令人欣喜的，但是却无法为用户带来某种特定的使用价值，因而也难以兑现商业价值。

所以，投入到创业活动中的创客，不能再同过往一样漫无边际地寻找创意、实现创意,而是需要为自己设置一圈"栅栏",在"院子"中去挖掘创意项目,这即是创业公司的战略定位。而这圈"栅栏",就是由目标客户和客户需求组成的。

通常情况下,创新的产生有两种形式,一种是灵光一现产生的偶然式创新,另一种则是根据某种具体目标产生的计划式创新。而对于创业公司来说,无论哪一种创新产生形式,都需要在具体的定位下验证和开展。在偶然式创新提出后,创业团队需要探讨:该项目的目标客户群是哪些?该项目是否能够解决他们的某种迫切需求?只有能够完美解答这两大问题的项目,才是具备商业可行性的。而在开展计划式创新时,研发团队也必须思考:目标客户群具备哪些特征?如何才能更好地满足他们的具体需求?只有随时以这两大问题作为创新行动指导原则,才能保证项目能为用户提供价值,获取市场竞争力。

不过,即便找准了目标客户,明确了客户需求,项目也未必一定能够赢得市场。如果你寻找的客户群以及客户需求点是一个高度竞争的领域,而你的产品又不具备绝对的竞争优势,那么就很难击败该领域的巨头们。所以,竞争环境也是进行项目定位时必须考虑的因素。

要想使创业公司从竞争中脱颖而出,有两种方式可供选择。一种是最大限度地提高产品的市场竞争力,比如能提供比竞争对手性能更高、价格更低的产品,这种方法对于创业公司来说操作难度较高,而且具备一定的偶然性;另一种则是瞄准竞争较弱的细分领域,或是挖掘某一用户群体的全新需求,成为一个新市场的"先行者",这种方法虽然要面临较大的市场风险和开拓市场的困境,但一旦成功,回报也是极为丰厚的。

一个成功的定位,能使创业公司树立一个正确目标的同时,迈出坚实的第一步。只有发现正确的客户群以及客户的正确需求，才能确保创意项目能够成为创业公司的成长助力，不至于在一个虚幻的项目上白白耗费时间与资金，最终"竹篮打水一场空"。

2.融资：创客们永远的痛点

在众多创业公司的失败因素中，资金匮乏是最为普遍也是最为无奈的。许多创业公司，有好的创意项目，有优秀的人才团队，但偏偏就因为融资不力，公司无钱可用而没能看到"明天的太阳"。而对于创客们来说，自创客圈子中的创业潮爆发以来，融资难都是难以摆脱的一大痛点。

互联网时代的融资环境，相比过去已经有了极大的改观，但是银行贷款、风投机构等较为主流的融资形式对小微企业并不友好，这就给主要由小微公司构成的创客创业群体造成了融资阻碍。对于银行和风投机构来说，创业项目是否创新并不重要，他们最为看重的还是创业项目是否能顺利转化为实实在在的商业价值，回报率又有多少等。对于他们来说，投资追求创新的创客公司具备极高的风险，远不如投资传统行业来得稳妥。

此外，创业公司较小的规模也会使他们错过许多融资机会。比如在银行贷款中，假如依照当前的经营规模需要5万元贷款，银行很有可能不会通过审批，但当你的经营规模足够大，需要20万元贷款时，则有可能顺利通过审批。这是因为银行在贷款业务上需要根据成本、回报、风险等各项因素来界定贷款的额度与相应的审批程序等，所以有时小额贷款反而难以获得审批。再比如，在风投机构中，也会有一套固定的投资标准机制，这决定着风投机构要选择多大规模、多高回报率的投资项目，假如创业公司的项目规模无法满足风投机构的最低要求，即便这是一个很好的项目他们也会放弃。

虽然创客在创业阶段面临着许多融资困境，但也同样存在一些利好因素。

首先是政府的支持，为了响应"大众创业，万众创新"的号召，在一些创客环境较为成熟的城市中，政府有关部门出台了一系列支持创客创业的政策。比如开展统筹式扶持，畅通贷款发放渠道等，通过引导银行针对创客创业者降低贷款审核标准，加快贷款发放速度等，积极为创业人员提供融资支持。

其次是第三方巨头企业的支持。例如，在2015年3月，阿里云就联合了超过50家创投及孵化机构，在杭州举办了大型创投峰会，有25个创客团队参与了路演，总意向投资金额接近11亿元。随着这些巨头企业联合风投机构加大对创客创业的关注后，创客们的融资环境也将得到进一步改善。

最后是互联网融资渠道的支持。随着互联网金融的普及与发展，众多互联网融资渠道为小微企业带去了福音。P2P、众筹等全新的融资渠道，虽然在规模上不及银行贷款和风险投资，但胜在快捷便利、门槛低。

无论融资环境是恶劣还是宽松，创业者都不能等着"天上掉馅饼"，做好充分的准备能够显著提升融资成功率。创业者需要准备一份详尽的商业计划书，无论是线下融资还是线上融资，呈现一份完整的商业计划书都更能获取投资者的信任。有些创业者会说，我的项目很好，也拥有一个强大的团队，一定能取得成功。但是对于投资者来说，这种空泛的说辞毫无意义，他们希望看到更加具体的执行计划，看到你如何去盈利。创业者还需要优化内部管理，制度是否严明并非关键所在，要让整个团队随时充满激情，随时保持和谐氛围。投资者很难得知你的团队能力究竟如何，但一支朝气蓬勃的团队能够给他们留下良好的第一印象。

　　融资是创业的重大难题，也是创业者的关键任务。一个处于高速发展轨道中的创业公司，可能会长期存在融资的需求。对于创业者来说，既要尽一切可能去争取融资，在融资规模无法充分满足融资需求时，也要学会"花钱"，将有限的资金用在刀刃上，实现价值兑现和资金回笼。

3.转型：危机时刻如何抉择？

战略规划必须要专注，但这并不代表企业不能选择转型。当确认公司已经走进了"死胡同"，当公司面临生死时刻，果断选择转型才能延续公司生命。

许多创业者畏惧转型，因为转型是对自我的一种否定，意味着公司过往的许多投入都化为了乌有。而且，转型的难度与风险不亚于创业，很多创业者难以鼓起勇气"从头再来"。但是，当危机时刻真正近在眼前时，转型又是不得不做的抉择。不转型，只得面临死路一条；转型，在保留一线生机的同时还有可能柳暗花明。

转型并不意味着前功尽弃，也许投入的资金、资源、时间确实难以"追讨"，但是积累的技术和经验不会白白消失。而且，经历一次失败的道路，就意味着你离成功的道路更近了一步。初创公司确实没有充裕的容错空间，不过一旦能够走出失败的阴影并成功转型，过往的失败经历将成为公司未来发展的宝贵财富。

当一条路走不通时需要转型，而当公司取得阶段性成功时也可能需要转型。特别是对于初创公司来说，通过创新产品取得阶段性成功时，同样是一个不可忽视的危机时刻。当你用一种新产品打开或占据市场时，同一领域的竞争者甚至大佬们可能都会就此盯上你，他们会模仿你的技术与模式，并用资金、资源等传统优势同你开展竞争。如果初创公司没能准备有效的应对策略，登上顶峰的同时可能就要由此走上下坡路。没有任何一项创新能够取得永久性的收益，在互联网的快速迭代环境下，创新的收益周期只会不断缩减。一旦初创公司的创新产品变为了中规中矩的常规产品，竞争优势也将不复存在。应对的方法只有一种，那就是转型，只有保持持续不断地创新，才能始终成为市场领跑者，占据竞争优势。

对于创业者来说，转型是一项重大决策，不可草率对待。在坚定转型决心的同时，还要掌握正确的转型思路与方法，确保公司能够朝着良性的方向转型。

（1）兼顾质量的同时加快转型速度

华为公司在《用数字赢未来，数字化重构新商业》一文中提到："当新时代来临时，生存状况与生存质量往往不取决于是否转变，而是取决于转变得有多快。"

转型是一场未知的实验，没有人能够精准预测最终的结果。如果转型的速度过慢，一旦发现转型路径行不通，只会加重转型压力，错失转型良机。相反，如果能够保持快节奏转型，即便发现这条转型路径行不通，也还有机会再次尝试。

不要试图做一个完美主义者，互联网下的商业世界具有高度不确定性，而初创公司的转型行动更是加剧了这种不确定性，如果你希望投入更多的时间与精力，开展一场完美的转型，让公司能够顺利过渡到下一阶段，那么等待你的可能会是一场灾难。俗话说"勤能补拙"，在转型行动中，由于在战略层面上是高度不确定的，因此通过战术层面上的"勤奋"

来弥补战略层面上的"拙劣",往往能够成为一种更好的选择。

(2)用小规模实验取代大规模设想

转型的风险与压力使许多创业者畏惧失败,他们经过谨慎周密的计划,策划一场看似毫无疏漏的转型行动,但实际上这只会加大失败的概率。

无论经过多么谨慎周密的计划,终归还是一种设想,实践才是检验正确与否的唯一方式,而设想的规模越大、耗时越多,最后用于验证和调整的时间就越少,"不成功便成仁"。

转型确实有着巨大的风险,但并非只有一次机会,比如加快转型的速度,开展小型化的转型实验,都可以为公司争取更多的转型机会,从而提高转型成功率。创业者必须为转型行动预留充分的容错空间,在实验中而非设想中得到正确的转型结论。

在《精益创业》一书中,作者埃里克·莱斯(Eric Ries)提出,转型应当同创业一样采用精益模式,即通过推出最小可行化产品,将之推向市场取得用户反馈,然后再根据真实具体的反馈意见来对产品进行改造,实现快速迭代。这种小规模实验的方式能够降低创业的风险,同样也能降低转型的风险。

既然转型存在风险,那么创业者更要留好"后路",比如时间、资金等。如果创业者将所有的时间与资金都投入到自己设想中的转型目标上,一旦失败就真的彻底无计可施了。但如果能够将有限的时间与资金拆分为若干份,依次投入到小规模转型实验中,不仅能够创造出容错空间,也能为转型行动取得最真实的市场验证,确保转型效果。

Part 3
商业革命

传统的创新模式越来越难以满足企业的创新需求，引导企业内部开展创客运动，正成为激发商业革命，让企业始终保有竞争力的最佳方式。

第 12 章

卓越企业拥抱创客运动

当创客们不断展示着自己的创新活力,当越来越多的创客投入到商业活动中,一些卓越企业也开始认识到创客运动对于企业发展以及整个商业世界的重大意义,并主动拥抱创客运动,在企业内部及外部开展了一系列创客支持行动。

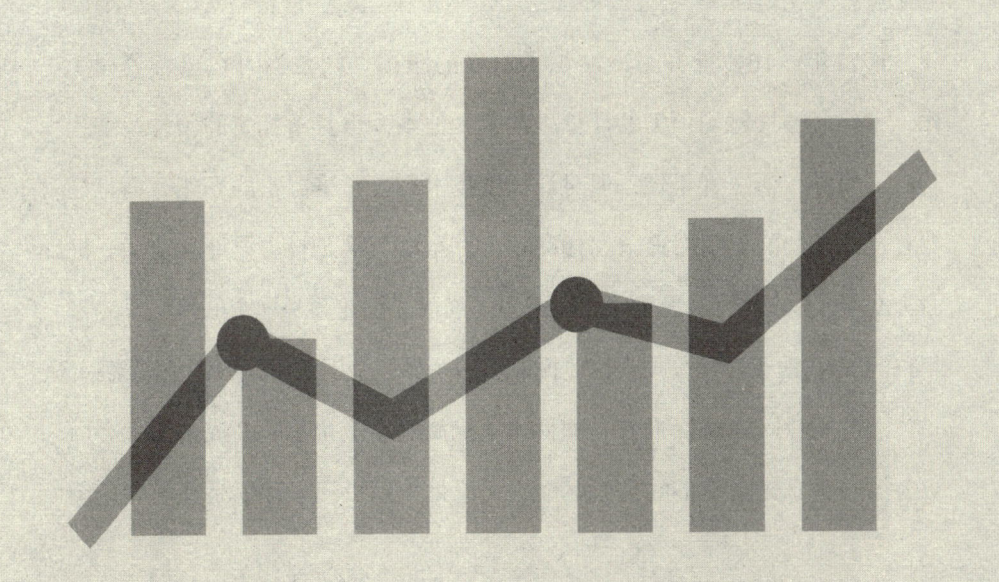

人人可以做创客 RENREN KEYI ZUO CHUANGKE

1.苹果是伟大的"创客企业"

美国硅谷历来都是受世界瞩目的科技巨擘，但是其最早却起源于美国车库中的创客们。美国"车库文化"最早发端于汽车发明，后来又演变为汽车的修理与改装，直至最后成为了IT行业的摇篮。微软、惠普、苹果等闻名世界的企业，大都经历过"车库创业期"。可以说，这些伟大企业都是由一批批创客所搭建的。

曾有人说过，苹果公司就是由两名创客从无到有搭建起来的。这句话说的就是苹果公司的两大创始人，史蒂夫·乔布斯和史蒂芬·盖瑞·沃兹尼亚克。

1971年，16岁的乔布斯结识了21岁的沃兹。沃兹当时在惠普公司工作，不仅能够接触到顶尖的计算机技术，他本人也具备扎实的硬件及编程功底。而乔布斯尽管年轻，但对计算机技术有着异乎寻常的狂热，而且还有着自己独到的见解与追求。1976年，乔布斯与沃兹自主设计制造了一批名为Apple I 的计算机设备并成功销售。获取了创业第一桶金的他们于1977年1月正式注册了苹果公司，由此掀起了一个又一个引领时代的创新潮流。

1977年4月，Apple II 在首届西岸电脑展览会上推出，并成为了人类历史上第一台真正意义上的个人电脑，无论是塑料机箱设计还是显示彩色图形的显示器，在当时都是划时代的。而且，Apple Ⅱ还拥有输出单声道声音的架构，就此摆脱了"哑巴电脑"。直至90年代末期，仍有许多学校在使用Apple Ⅱ，由此可见其杰出之处。

之所以将苹果称之为"创客企业"，不仅仅是因为两位创始人是杰出的创客，还在于在他们的领导下，苹果推出了众多划时代的创新产品。苹果的创新，不是在原有基础上的改良，而是一种从无到有的创造。比如，无论是早期的个人电脑、个人操作系统还是图形操作界面，都是许多计算机领域的顶尖企业都未曾设想并实现的创意。而在后乔布斯时代，iPhone、iPad等产品的推出，不仅颠覆了手机领域，还引领了平板电脑这一全新细分领域的兴起。

除了伟大的创新之外，苹果的创始人乔布斯还具有创客特有的"偏执"。比如，在Apple Ⅲ设计研发阶段，由于乔布斯认为散热扇"不美观"而要求设计师去掉，这一过高的要求导致Apple Ⅲ的成品极易过热，并引发了早期型号被迫召回的事件。尽管是一次决策失误，但却展现了乔布斯的创客精神，尽管有时会不切实际，但他们却在不断地追求创新的极致。

同时，乔布斯在搜罗人才方面也是不遗余力，他特别重视人才的独创能力，也就是敢于设想、勤于实践的创客精神。在这种精神特质和领导方式的影响下，也难怪苹果成为了"创客集中营"，推出了一个又一个伟大的创新产品。

据统计，截至2013年，苹果公司总计拥有1775项专利，在全世界公司中排名第13位，苹果的创新之路还在继续。

2.海尔启动"创客实验室"

以"车库文化"作为起源的美国科技公司,潜移默化地将创客精神融入到了公司发展中。而对于创新氛围较为薄弱的中国企业来说,拥抱创客的行动才刚刚开始。

在内部创业激励的初衷下,海尔集团于2014年9月正式成立了"海尔创客实验室",开始挂牌招募,搜寻优秀的创客。据"海尔创客实验室"创始人宋芬介绍:"创客实验室是一个平台,一方面满足了产业化的需求,另一方面则满足了创客的创意需求。"海尔创客实验室的发展愿景是成为一个开放、创新、协作、共享的创客孵化平台,通过连接国内外知名企业、创客空间、创投机构、优秀供应商和全网营销渠道等,为广大创客提供项目落地的全流程产业化解决方案,让创意成为现实,并走向商业化。

海尔集团拥有着强大的流水线生产优势,而海尔创客实验室的落成,就是要发挥这一优势,将流水线与创客创意对接起来。据宋芬介绍,只要是优秀的创客产品,都有项目落地并最终进入流水线生产的机会。"在往届的创意大赛中,我们已经落实生产了几款产品,比如一款老人用热水器。"据了解,在创客实验室中,还有几款学生创客的创意产品已开始进入销售渠道,并注册了公司。

第 12 章　卓越企业拥抱创客运动

海尔创客实验室希望能够形成一种独特的创客文化以及创意落地机制，由广大创客发起创意，然后由创客实验室匹配资源，形成"1+1>2"的合伙机制，加速创客创意的实现速度与商业化运作成功率。据估算，目前已经有近10万名创客参与了海尔创客实验室的活动，总共汇集了5万个以上的创意项目。

除此之外，海尔创客实验室还特别关注青年创客的培养和成长。2015年9月，"青年创客计划启动仪式暨海尔创客实验室与Startup Weekend战略合作发布会"在北京举行，这对于许多青年创客、大学生创客来说无异于雪中送炭。

"创客周末（青年创客版）"将会以北京为起点，逐步扩散至上海、广州、深圳、西安、青岛、武汉、南京等创客氛围较为浓厚的城市中，不仅会关注大学生硬件领域的创意，激发学生的创新能力，还要为优秀的项目提供专业化的沟通、联动机会。海尔青年创客计划将为广大青年创客提供项目落地的解决方案，并主动对接现存的一些创客展示活动，比如教育部举办的"U+生活创意大赛"和"百团争霸"等系列活动。

对于许多国内的创客来说，不是缺乏创业的能力，而是缺少平台的支持，海尔创客实验室的搭建，就是为广大创客提供这样一种强有力的支持力量。不管创客的年龄、经历、实力如何，只要有好的创意项目，都能够得到平台的多方支持，并实现项目落地。

海尔创客实验室以"相信一切创新力量"的理念落成，将在今后致力于国内创客，特别是国内青年创客的培养与孵化，在全国范围内营造更为浓厚的创客氛围，搭建更为完善的创客生态圈，实现创客与创业资源的互动和共荣。创客实验室将进一步始终响应国家政策的号召与引导，成为社会上一股举足轻重的创客支持力量。

第 13 章

创客时代，企业需要"接舷"

创客运动，无论从思维上还是实践上，都已经给当前的商业世界带来了一系列重大影响。创客正在成为存在于企业外部及内部的一股全新的创新力量，挖掘着企业的发展之路，推动着企业的变革。在这个创客时代下，拒绝创客就是拒绝创新，无论是传统企业还是新兴企业，都应该主动对接创客运动，携创客潮流齐头并进。

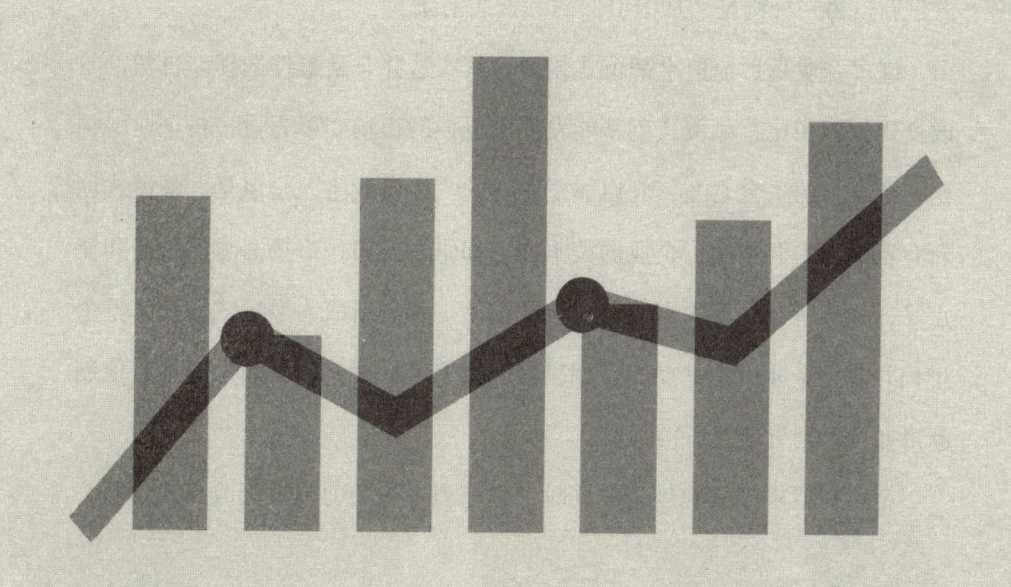

1. 创客的质和量决定企业未来

创新是企业发展的关键力量之一，并决定着企业的未来发展潜力。而创新的源泉始终是人才，企业所拥有的创客的质和量，也将决定着企业创新的质和量。

创新质量的重要性不言而喻，特别是在这个规模经济无法再发挥主导作用的互联网时代，能否推出深受用户认可和欢迎的创新产品，将直接决定企业能否借此盈利，能否完成企业愿景。

创新质量分为两种层次，一种是在现有技术或产品基础上发起的改良式创新，另一种则是"从0到1"的颠覆式创新。

许多企业盲目地追求颠覆式创新，其实这并非是最佳选择。自然，与改良式创新相比，颠覆式创新能发挥出更强的市场变革力量，将企业引领至一个全新的平台之上，开启属于企业的"蓝海战略"。但是，颠覆式创新有着极大的偶然性，企业的技术能力和研发方向，市场需求的触点和痛点等，只有所有必要因素完美对接才能使一种创新成为颠覆式创新，整个过程并非是企业所能掌控的。如果因盲目追求颠覆式创新而放弃了其他创新可能性，则可能会适得其反。

企业在追求颠覆式创新的同时，也应当不遗余力地发起改良式创新。

第 13 章 创客时代，企业需要"接舷"

改良式创新并非是低质量的创新，只要能够完美地对接用户需求，让用户从中获益并为之痴迷，那么不管技术含量如何，都可以称得上是高质量创新。一些以改良式创新作为主要创新战略的企业，同样取得了辉煌的成就。比如腾讯公司，历来都不是以"首创"而闻名。在QQ推出初期，国内市场中有数款即时通讯产品，QQ既不是最早的，也不是功能最强的，但是腾讯却能够始终抓准用户的需求，并第一时间对产品进行改良以满足用户需求，最终将所有竞争对手一一击败，成为国内即时通讯市场中的绝对主宰者。

创新的质量对企业发展起着关键性作用，而创新的数量同样重要。所谓创新的数量，并非单单指企业推出的创新产品及技术的数量，同样包括企业对创新的投入力度和规模。创新实际上是一场概率性游戏，即便企业投入足够的资金与人力仔细呵护创新之"卵"，也无法保证最后一定能生出"小鸡"。而想要拥有更多的"小鸡"，最为直接有效的方式就是增加"卵"的数量。

许多以创新为驱动力的企业都极为尊重创新的概率性，特别是颠覆式创新，几乎可称得上是"可遇不可求"。比如，在医药领域，具备革命性意义的青霉素，就是在完全偶然的实验下发现的。大型医药企业每年都会投入数亿元用于新药的研发，但却无法保证一定能获得成果。即便如此，这些企业对于新药研发的投入力度也丝毫不减，因为谁也不知道，下一个颠覆式创新会在何时、何种情况下出现。

对于企业来说，资金的投入只是催生创新的因素之一，除此之外，让更多拥有专业技能和创新精神的创客加入企业，为企业创新服务，同样是新时代创新的重要因素。之所以强调让创客加入到企业创新中，而不是强调建设更强大的专业人才队伍，主要是由于相应领域内的专业人才容易受到固有思维的影响，反而不利于创新、特别是颠覆式创新的出现。而通过让更多敢想敢做的创客加入，能够有效地活跃企业的创新基因，刺激颠覆式创新的出现。

在未来，企业的创新不再只是局限于所在行业、所在领域内部，行业与领域间的跨界融合将成为常态，通过对接其他行业及领域而产生的创新，也将不断涌现。所以，人才创新不再是企业创新的唯一力量，创客创新可能会成为新的主导力量。

2.创客助力企业转型

以创新作为核心价值观和行动主导思想的创客,是一股不可忽视的变革力量,而随着创客活动的规模升级以及商业化落地,创客们也正在将这种变革力量推向各个产业。在产业变革的大趋势下,企业的转型也势在必行。借力创客推动企业的转型升级,不仅能够帮助企业适应当前及未来的市场环境,也能让企业顺利发现和满足市场新需求,占领空白价值。

受创客运动影响最为直接的是传统制造产业,在"互联网+"战略的号召下,传统制造业正不断尝试进行"互联网+"转型,但由于受到理念和技术条件的限制,许多中小型制造企业的转型之路并不顺利。而创客们的崛起,则为这些中小企业带来了新的转型机遇。

在洛阳市的卓阳科技园内,总投资额达2000万元的逐鹿创客空间正在如火如荼地建设之中。这一占地总面积约2700平方米的综合型创客空间一旦落成,将利用大数据挖掘、商业模式创新、产品与服务创新、全网营销等多种形式,为传统制造业企业提供最新的互联网化运作服务,助力传统制造业实现"互联网+"融合。

逐鹿创客空间由逐鹿电商学院联手上海蚁美信息科技有限公司、数据鼹鼠团队、卓阳科技园共同投资建设。据相关负责人介绍，逐鹿创客空间可提供的基础服务包括免费的创客空间办公环境、服务器、数据库、软件快速开发平台等，服务对象则主要是洛阳市的传统制造业企业、创业企业以及大学生创业者等。

面对"互联网+"浪潮，虽然许多企业都有触网转型的意识，但由于缺乏相关经验和技术而举步维艰。而通过与具备相关能力的创客或创客空间开展合作来获取支持，能够使企业实现高效率的"互联网+"转型。

除了创客为企业提供转型支持服务这种形式外，企业还可以主动搭建创客平台，吸引创客加入助力企业转型。

在"以创新者为荣"的企业核心价值理念下，在企业转型升级的任务下，沈阳航天新光集团有限公司搭建了"青年X创新工作室"这一创客平台，鼓励广大职工立足岗位创新创业，培育青年"创客团队"，助力企业转型升级。

"青年X创新工作室"对于创客们的创新支持是多方面的。首先，在资源整合、服务保障、技术交流、成果转化等多个层面开通绿色通道，营造较为宽松的创新环境；其次，机遇充足的资金支持，设立"青年创新基金"，以"A轮融资"或"天使投资"的名义为创新项目注资，简化财务审批流程；最后，建设一站式服务平台，最大限度地满足项目研发的技术和设备需求。

目前，"青年X创新工作室"已经取得了相应的成果。2015年5月，青年职工张旭超的"低成本搅拌摩擦焊接机设计制造技术"以及于晗的"新型智能立体停车位"项目均已获得授牌。

在沈阳航天新光集团有限公司的引导下,"青年X创新工作室"将会诞生更多更好的创新项目,这不仅能帮助集团职工将创意转化为现实,实现个人梦想,也能借此助推整个集团实现转型升级。

目前在国内,真正从内部引导和对接创客活动的企业仍属少数,不过越来越多的传统企业也开始意识到了创客对于企业创新以及企业发展存亡的重要性,正积极地投入到创客浪潮中,包括大力鼓励员工创新,在企业内部搭建不同形式的创客组织等。某传统制造企业的负责人表示:"在这个人人皆创客的时代,不仅设计者和创造者是创客,企业管理者也可以是创客,同样需要不断革新思维方式。这是一个理念的转变,也是传统企业成功实现转型升级的重要一步。"

创客为企业带来的,不仅仅是核心产品链的转型升级,还可能伴随着商业模式以及创新模式的转型升级。企业的成功转型是一场综合性的转变,仅仅推出几款创新产品是远远不够的,如果没有全新的商业模式和创新模式作为支撑和引导,企业可能会出现"转型反弹",走上过去的发展老路。而这些多方面的企业转型助力,都是创客能够提供的。

随着创客与企业的深入对接,创客组织也将从传统制造产业扩散到更多产业中,成为越来越多企业在转型过程中的重大助力,让更多企业能够以持续创新、持续进化的方式走上良性发展之路。

3.让企业成为"DIY工厂"

没有一家企业会不宣称"以客户为中心",无论是传统企业还是互联网企业,总是将"客户中心"或"用户中心"四个大字放在嘴边、挂在墙上、写进手册中。但在互联网时代,企业与客户的关系已经发生了重大改变,"客户中心"的内容及要求和过去相比也已经大不相同,如今真正能够做到"以客户为中心"的企业实际上少之又少。

任何一家企业都不得不承认,消费者王朝已经到来,而且这一王朝的基础也在不断加固。互联网以及互联网工具,给予了消费者最大的赋权。企业的信息优势、价格优势、市场优势都将不复存在,市场的潮流不再是由企业所主导的,而更多地由消费者所决定。其中,还存在一些"领先用户",即具备一定专业知识及技能的创客,不仅会对产品提出意见和建议,当现有的企业产品无法满足他们的实际需求时,他们还会借助互联网信息渠道与开源工具摆脱现有产品的束缚,超越产品本身对其进行改造,并最终对主流市场产生绝大的吸引力和影响力。

客户已经成为了影响主流市场的重要力量,并且还在不断渗入到企业的价值网络中。在互联网时代,生产者与消费者的关系正在模糊化,消费者不仅仅存在于购买和分享环节,同样也会以各种形式介入到生产环节中。对于企业来说,这一变化是挑战,更是机遇,能否顺应这一变化,关键在于能否"利用"消费者在生产环节的价值,让客户成为企业的生产协力者。

正如《维基经济学》一书中所说:"与其承认输给这个时代最强大的经济力量,不如利用协作模式取得无比巨大的成功。"维基百科通过开放、对等、分享、全球运作的法则,充分利用了每一位编辑志愿者的力量,不仅改变了百科全书的历史,也提供了一种全新的经济模式和商业思维。

在实体行业中同样如此,"企业生产什么客户要什么"已经是工业时代的过去式了,在互联网时代,"客户要什么企业生产什么"才是正道。随着客户更多更深入地参与到生产环节中,规模化生产方式可能会不断消失,定制化生产方式将成为主流。小米根据粉丝们的愿望确定核心产品的规格、性能、材质、价格区间等关键因素,并借由这种"用户中心"、"粉丝经济"的模式快速成长起来,而这仅仅是定制化生产的初级阶段。随着定制化生产在思维上、技术上、模式上的成熟,企业最终将成为一个"DIY工厂",能够根据每一位用户的具体需求为其定制产品。

在过去,这种完全定制化的生产方式被视为不可能。一方面,客户难以提出明确具体的需求,企业自然也无法形成定制产品的设计图;另一方面,定制化产品难以形成规模优势,会加大企业的成本支出。但在互联网时代,这些问题终将得到解决。一方面,客户可以通过互联网为自己空洞的产品设计填充详细信息,形成明确具体的产品需求,而企业则可以借助创客的力量,捕捉客户的想法,并将之变为现实。另一方面,通过发挥网络信息优势,企业可以将拥有相同或相似需求的客户订单集中起来,形成"规模化"的定制生产,降低定制化生产的难度与成本。

消费者不仅影响着企业的生产方向，随着越来越多的创客在消费者中产生，企业的产业壁垒也将受到影响。如今，广大创客们可以借助开源工具、借助3D打印机制作出原型产品，将共同学习、共同分享、不断创新、可持续生产的创客文化转变为越来越多的商业实践。而当企业同外部创客联合在一起，或是实现内部"创客化"，将产生前所未有的创新效率和生产力，并形成一个开放创新、与客户共享全新价值的创客链。

企业要想实现向定制化生产的转型，成为在未来受到消费者强烈追捧的"DIY工厂"，必须主动拥抱创客运动，无论是在企业外部搭建创客平台，还是实现企业内部的"创客化"，只有掌握更高质量、更多数量的"创客资源"，企业才能拥有更强大的创新发掘与实现能力。

第 14 章

搭建企业内部的"创客组织"

通过同企业外部的创客及创客组织开展各种形式的合作，能够在不同程度上推动企业创新。而如果想要显著提升企业的创新竞争力，最好的方法还是在内部搭建"创客组织"，通过企业内部的目标引导、资金资源支持、技术手段支援等，更有效地引导创新生成，最大限度地发挥创新对于企业发展的积极作用。

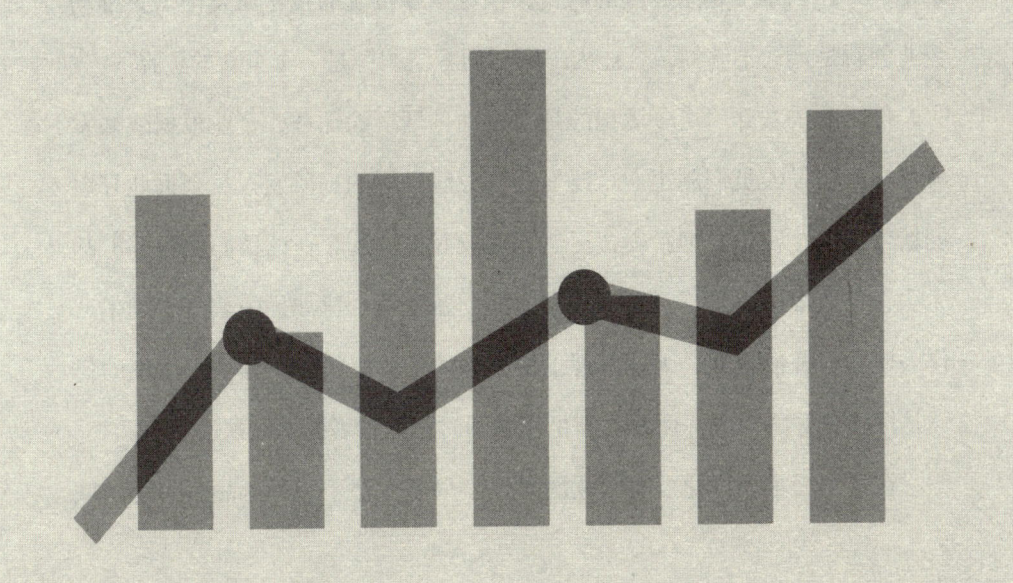

人人可以做创客 RENREN KEYI ZUO CHUANGKE

1.企业创新，从内部变革开始

企业创新，不是在管理者一声令下便能顺利开展的，资金、资源、人才等要素都不可或缺，而更重要的是，企业必须在内部形成一套有益于创新推进的机制与环境，引导创新的涌现。

假如一个企业，没有设立研发部门、没有吸纳专业人才、没有为创新项目注资，那么还有可能推出创新产品吗？绝不可能。就企业创新而言，阶段性的投入与产出未必成正比，甚至投入完全没有产出，但如果对创新毫无投入，那么创新产出的可能性则完完全全是0。而在这个创新速度越来越快，创新难度越来越高的时代，仅仅依靠传统的技术研发部门去推动企业创新是远远不够的，企业内部的"创客组织"是一个全新的选择。

传统的研发部门更多承担的是"被动创新"的任务，企业根据战略发展目标为研发人员们制定一个研发方向或研发标的，研发人员则据此开展创新行动。这种企业创新模式虽然能够较好地撑起企业的核心业务，但却无法为企业带来更广泛、更深入层面的创新变革。比如，一家以空调生产作为核心业务的企业，无论掌握了多么高端的核心技术，其生产出来的仍然是性能更好的空调，而无法满足互联网时代消费者的多层次需求。

在这个需求多样化、复合化的时代，只是专注于一种产品、一个领域的创新已经不足以应对竞争了，企业需要启用多方视点，融入更多的创新力量，形成一个环环相扣的创新产业链，为用户提供综合价值。因此，承担"主动创新"任务的"创客组织"，对企业而言将变得越来越重要。

在企业内部搭建"创客组织"，相当于为企业植入全新的"基因"和"器官"，如果不事先进行必要的内部调整，难免会出现一系列"排斥反应"。那么，为迎接"创客组织"，管理者需要从哪些层面引导内部变革呢？

首先，在思想上变革。企业领导者需要在企业内部灌输全面创新、综合创新的必要性，强调"创客组织"对于企业创新发展的重大意义，并让各层级、各职级员工都了解创客、创客精神、创客组织的内涵，使创客组织能够自然融入，与各个部门、各个成员展开工作配合。

其次，在战略上变革。企业领导者需要在企业战略层面上展示创客组织对于企业发展的重要作用，并设定专门的战略目标和战略方向对接创客组织，最大限度地发挥创客组织的积极意义，只有在战略上支持、战略上重视，才能使创客组织迅速成为企业不可或缺的一部分。

最后，在流程上变革。企业领导者需要自上而下地梳理企业各环节流程，包括研发流程、生产流程、销售流程等，以适应全新的组织形式。随着创客组织出现在企业内部，自然不能再照着旧有的模式开展各项工作，企业的各个部门都需要在流程上进行微调，以适应创客组织出现后的新工作思维。

当按照以上三方面启动企业内部变革后，更有利于企业搭建内部创客组织后的工作开展和配合，为企业创新之路清除不必要的阻力，开启企业在新时代的创新篇章。

2.如何应对企业内部的创新阻力

在企业内部搭建一个全新的组织,并由此对企业的文化、战略、流程作出相应的调整,未必会进展得一帆风顺。企业内部可能会出现众多创新阻力,妨碍创客组织的顺利搭建,包括企业利益相关者、各层级管理者、基层员工等,都有可能对搭建创客组织发出质疑及反对的声音。

那么,企业领导者应当如何应对这些创新阻力,为企业内部创客组织扫平障碍呢?

(1)利益相关者

利益相关者即切身利益与企业发展息息相关的群体,比如大股东、合伙人、合作企业的领导者等等。企业的内部变革有可能损害他们的切身利益,因此一些思想僵化的利益相关者往往会反对变革。尤其是当企业当前的发展势头较为乐观时,他们更是不愿承担变革的风险。在一些规模较大、较为成熟的企业中,利益相关者的阻力是巨大的,如果不能说服他们接受变革,搭建创客组织将无从谈起。

对于企业利益相关者,企业领导者不能采用强硬作风,主要还是要通过约见面谈来做思想工作,让他们接受创客组织的搭建。企业领导者需要明白,利益相关者不会故意和自己过不去,只是由于立场不同、观点不同而导致了分歧，他们内心自然是希望企业能够更稳健地发展。不过，在当前的市场竞争环境下，不去谋求创新就将面临衰退，没有能够永久维持的优势，企业今天的优势可能在明天就不复存在，因此企业需要动用一切可能性发掘创新潜力，而创客组织就是企业的最佳选择之一。

企业领导者应当去做的，是详细地阐述创客组织对于企业未来发展的重要意义，以及在创客组织搭建后企业的具体战略规划和预期目标等，要让企业利益相关者真切地感受到搭建创客组织对于企业是利大于弊、收益大于风险的，晓之以理，动之以情，争取他们的赞同。

（2）企业管理者

企业各级管理者也有可能质疑和反对创客组织。有些管理者可能认为创客运动只是声势浩大，但未必有实际作用，在企业内部搭建创客组织未必能起到作用，只是白白浪费企业资源。还有些管理者则是拒绝企业发生一丝一毫的变革，特别是一些元老级的管理者，他们习惯于用旧思维去做事，躺在功劳簿上，不能忍受企业中发生一点"风吹草动"。

对于抱有质疑态度的管理者，企业领导者应当向其详细说明企业的未来战略规划以及创客组织对于该战略的重大意义，使其认识到创客组织不会白白耗费企业资源，不会对企业现有的战略优势和战略部署造成损害。即便没能立即说服他们，也可以让其接受"创客组织实验期"，用实际成果打消他们的质疑。

而对于思想僵化的反对者，企业领导者可以采用较为强硬的手段，"逼迫"他们接受搭建创客组织的决议。如确有必要，还可以"除旧迎新"，在保留元老们薪资待遇的同时将他们调离关键岗位，由思想更为先进、更为朝气蓬勃的管理者取代他们的位置，一举清除变革阻力。

（3）基层员工

对于基层中的反对声音，企业领导者不能一味地用制度和权力去压制，最理想的解决方式还是疏导。许多基层员工对于企业变革的反对是"反射式"的，他们不希望自己的工作环境和工作内容发生剧变，因此在面对看起来对自己无关或无益的变革时便会本能地发起抗议。因此，解决基层员工反对的最好方式，就是让其认识到搭建创客组织并非与他们无关，也并非对他们无益。

企业内部的创客组织并非是一个固定化的部门，其形态是可变的。比如，企业领导者可以规定，任何一位员工，只要有好的创意项目，并得到了企业高层的认可，都可以成为创客组织的一员，或是成为创意项目的负责人，利用企业的各项资源与支持去实现自己的创意，并在创意项目的商业价值得以兑现时分享一定比例的收益，实现名利双收。通过这种方式，不仅能够有效打消基层员工的异议，也能调动他们的创新激情，使企业内部创客组织得以发展壮大。

企业领导者在面对企业内部的创新阻力时，关键要鼓足勇气，勇于直面创新阻力的挑战，但也不能急躁地"一刀切"，否则只会遭遇更大的阻力。正确的做法是分析不同反对群体的思维方式、异议原因，找到最为行之有效的应对方法，和平解决企业内部的创新阻力，并将部分阻力转变为创新动力。

3.创客组织的定位与架构

当企业内部的创客组织正式成立后，其在企业中处于什么位置和级别？受谁掌控，对谁负责？组织架构如何设计？都是需要优先明确和解决的问题。

根据企业对创新的需求迫切程度不同，创客组织的规模不同，企业管理层级，企业领导者对创客组织的认识不同，内部创客组织的定位都可能会有所不同。比如，在一个技术研发能力强、模式成熟的大型企业中，创客组织可能仅仅是对研发部门的辅助和补充，用以刺激全新的、不同层面的创新，其定位可能只是小型部门或非正式部门。而在一个技术研发能力不强的初创企业中，创客组织可能要承担更为关键的创新任务，甚至会影响到企业未来的发展方向，其定位可能就是企业内部的核心部门或组织。

但是，无论是成熟企业还是初创企业，在定位创客组织时都应该坚持两大原则：一是独立性，二是差异化。

保持创客组织的独立性，是为了给创客组织的成员们尽可能提供宽松化、自由化的创新环境，免受企业内部其他部门的干涉。创客组织可以只对企业领导者或其他高层管理者负责，只接受他们的直接指示。创客组织的项目计划、实验及执行等环节可以不遵循企业现有的项目流程，得到最大限度的简化。

保持创客组织的差异化，即是引导其走向与企业研发部门以及核心产品链不同的研发方向。创客组织的创新就是一场场企业内部的小型实验，因此应当瞄准企业无法抽身去尝试、去验证的不确定项目，这才是建设创客组织的初衷。如果创客组织同研发部门出现了同质化现象，其难免会成为研发部门的附属，失去存在价值和意义。

当然，保持创客组织的独立性和差异化，并非将其从企业组织中剥离出来，也并非要割裂其与企业其他部门的联系。相反，应当鼓励创客组织与其他部门开展跨部门合作，共享资源、全员参与。要尽可能消除跨部门合作的壁垒，简化部门之间的信息传递，搭建不同部门之间成员与成员、负责人与负责人、成员与负责人的快速沟通渠道，实现敏捷化协作。

在企业层面上确定创客组织的定位后，还要在创客组织层面上确定其组织架构。同样，根据企业的不同战略定位，创客组织的组织架构也会有所不同。但是，在互联网时代下，创客组织的组织架构在总体上必须是扁平化的。创客组织内部需要有一个统筹全局的负责人，来引导、指导、监管成员的行为，保证创客组织的行动能够统一化、高效化。但在负责人之下，不同职责的成员不再有职位高低之分，所有人都是完全对等的。

扁平化的组织架构，能使创客组织内部形成和谐、活跃的交流氛围，让每个人都能大胆地提出自己的想法，随时在成员之间开展一场"研讨会"。同时，扁平化的组织架构，使得全体成员都对组织负责人负责，都能与组织负责人直接沟通，这不仅能够提升成员自我管理的主动性，也最大限度地简化了组织内部的信息传递流程，加快创意传递、验证与实现的效率。

无论是独立性和差异化的创客组织定位,还是扁平化的创客组织架构,其根本目的都是为创客组织营造一个宽松化、高效化的创新环境,为创客组织快速发挥高度创新能力提供制度和机制上的保障。

4.赋予创客组织必要的权利和义务

创客组织创新的基础是必要的自由度,这就需要赋予创客组织一定程度上的自主权,以确保其不受其他部门,特别是上级部门的"干扰"。

赋予创客组织必要的权利,即是向其授权的过程。为保证创客组织的研发自主性,需要在三个方面为其提供权利保障。

首先,在项目决议上的自主性。当某一创意项目在创客组织内部得到一致认同和通过,同时不会影响和破坏企业现有的产品体系时,创客组织可以在申报后即投入研发,上层部门不得随意否决。如果某些企业觉得交由创客组织自主决定项目研发的风险过大,也可以采用放宽审核通过标准的方式。比如,企业内部的研发项目通常需要得到80%高层管理者的认同才能通过,而对于创客组织提出的研发项目,可以规定得到30%高层管理者的认同即可通过。

其次,在项目计划上的自主性。在创客组织提出的创意项目通过后,应由创客组织负责人来全权制订项目研发计划,包括项目的人员构成、期限、预算、执行方法和步骤等等,让创客组织选择自己最希望、最适应的方式去投入项目研发。同样,完全自主性的计划可能也会同企业的某些原则及方针发生冲突,面对这一风险,企业领导者及高层管理者可以将项目研发的标准尽可能明确化、数据化，比如通过评估项目的难度来界定项目的研发周期、研发预算、研发人员数量等因素，同时要预留一定的区间，让创客组织通过自我评估在区间中确定最终的计划指标。

最后，在项目执行上的自主性。在创客组织的创意项目正式投入研发之中后，一切进度由组织负责人把控，负责人有权根据项目执行的具体情况对计划作出微调，或是改变原有的研发人员配备和执行流程、方法等，所有自我调控行为高层都不得随意干涉。同时，企业领导者还可以规定，在项目研发过程中，创客组织有权优先使用企业内部的各类闲置资源，当需要其他部门的支援或协作时，任何部门都应根据实际情况给予人员、技术、资源上的支持。

当然，赋予创客组织极大的研发自主权难免会引发企业上层的焦虑和恐慌，也会承担较大的创新风险。为应对这一状况，就要使创客组织在享有充分权利的同时，承担必要的义务。尽管在组织授权中，"授权不授责"是一大原则，但这并不意味着接受授权者可以随心所欲，他们仍然要承担相应的义务，否则无法保证企业内部公平。但同时，对于创客组织，也不应一味地强调"权责对等"原则，要求其享有多大的权利就要承担多大的义务，这无法为创客组织提供充足的容错空间，只会打压他们的创新热情。

为创客组织赋予相应义务的目的，是引导其行动，降低失败风险，而非将失败的风险转嫁到创客组织之上。因此，创客组织可以"权责不对等"，可以享有较大的权利而承担较小的义务，关键是其承担的义务要形成有效的预警机制，使其不至于在错误的道路上走太远。比如，可以规定创客组织负责人定期进行阶段性汇报，说明项目的研发进度如何，与计划是否存在偏差，下一步如何修正等等。还可以为创客组织制定"创新指标"，不要以财务指标或业绩指标去评判创客组织的工作，因为难以对创意项目进行准确的价值评估，可以就数量层面为其下达创新任务。比如每季度要提出并实现一项改良式创新项目，每四个季度要提出并实现一项颠覆式创新项目等。

企业内部的任何组织，都必然要同时具备权利与义务，否则组织职能将无法发挥，组织目标也难以实现。创客组织需要"自由"的刺激，但也离不开"规矩"的引导，过度压抑创客组织的权利赋予，或是过度放松创客组织的义务担当，都不利于其健康成长，也不利于其为企业提供积极的创新价值。

第 15 章

创客组织产品设计

创客组织是一个创意实践组织，创意产品是其创新价值的集中体现。在非商业化创客组织中，创客们可以天马行空地发挥创意，根据自身的能力去设计创意作品。但在企业内部创客组织中，创客们不能再"想做就做"，而是要充分考虑到创意产品的使用价值、需求对接、市场反响等现实因素，制定一套行之有效的创意产品设计原则与模式。

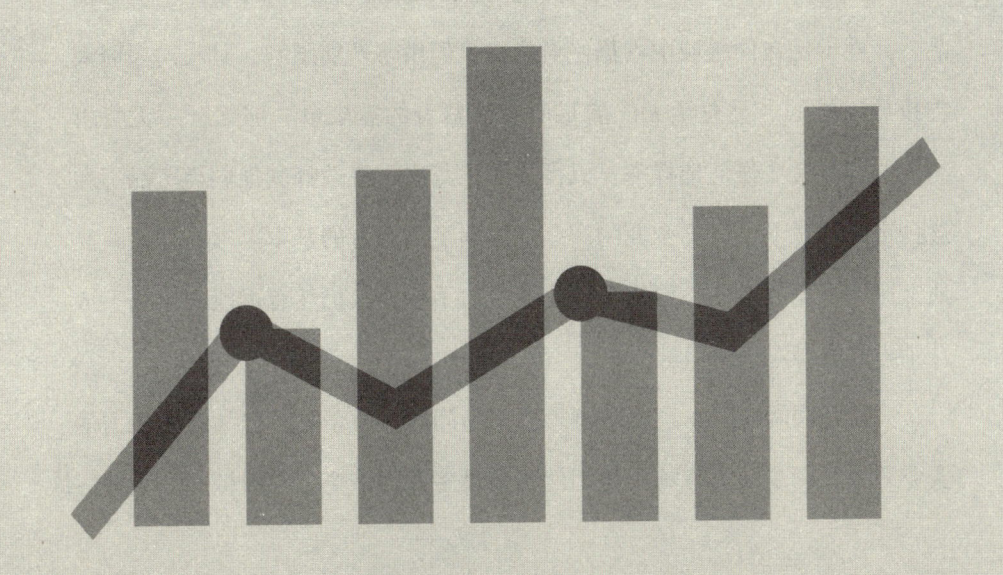

1. 未来产品，只能走上创新或没落的单行道

　　未来企业推出的产品，要么成功，要么失败，没有中间道路可走。任何一件产品，只能迎接两种命运：如果是能够有效满足用户需求的创新产品，即可就此走上巅峰，成为热销产品；如果是无法有效满足用户需求的同质化产品，那么必然会遭到唾弃，悲惨地滞销积压。激烈的市场竞争与用户的精准选择，无法容忍投入市场的产品在"中庸之路"上"鬼混"，在创新与没落的单行道上，产品一经推出其命运便已被决定。

　　在工业时代，由于生产能力的限制，即便不是消费者最优选择的产品，同样有可能"活"得有滋有味。比如，某企业生产的某种生活必需品，其性价比在同领域中占据绝对优势，但由于产能限制，其在阶段时间内投放市场的产品总量无法满足所有消费者的需求量。那么，"无货可买"的消费者要作何选择呢？只得退而求其次，去选择其他同类产品。在这种市场环境下，只要企业的产品能够满足消费者的基本需求，即便在品质上比不上竞争对手，价格也不比竞争对手便宜，仍然有可能在市场上成功销售并取得不错的销量。

　　但在互联网时代，产能限制早已不是问题，对于具备强大运营能力的企业来说，有多大的市场，他们就能满足多大的市场。在虚拟产品领域，

产品可以在极短时间内被无限复制，甚至不需要承担太大的成本压力。假如当前市场上所有的买家、卖家都涌入到淘宝、天猫上，阿里巴巴集团同样有能力、有方法满足用户需求。在实体产品领域，尽管产品难以和虚拟产品一样快速复制，但得益于融资环境的宽松和模式的快捷化，即便是初创企业也能快速扩充规模，不断满足市场需求。

因此，无论是当前还是未来，企业规模都不再是影响产品成败的决定性因素，而是要回归产品本源，在满足需求的同时推出创新产品。而且，即便是已经成功占领市场的产品，同样需要不断创新、不断迭代，否则也会快速没落。

在几年前，有一款手机上的益智游戏，叫作《找你妹》，可谓红极一时。游戏内容很简单，只需要在屏幕呈现的杂乱无章的物品中找到并点击系统所指示的物品即可。由于简单有趣且富有创意的游戏方式，《找你妹》很快聚拢了大量活跃用户。在2013年，《找你妹》发行商、热酷CEO刘勇宣布，《找你妹》日活跃用户数达600万，激活用户达3500万，月收入高达数百万元。

然而，由于缺乏持续创新，这款游戏很快走向没落。尽管官方在不遗余力地更新游戏内容，但在模式上没有丝毫突破。而且，以广告作为主要收益使得大量广告充斥在游戏中而备受广大用户指责。随着用户的不断流失，过去的辉煌也一去不复返。

在APP领域中，由于缺乏持续创新而昙花一现的产品数不胜数。这些产品原本凭借着优秀的创意找到了一个极佳的市场切入点，甚至已经取得了阶段性胜利，但是由于缺乏持续的创新力，将自己拼下的市场拱手让人。

如果我们从APP产品领域进行深入研究，会发现作为APP入口的应用商店，也同样面临着创新危机。

在APP产品刚刚兴起时，应用商店是用户获取内容与服务的主要通道，而应用商店作为一种全新的产品领域，也受到了广大风投机构的青睐。但如今，许多传统的应用商店早已风光不再。一方面，手机硬件厂商、微信等超级APP正不断整合和取代传统应用商店的功能，许多APP开发者也希望直接将内容传递给用户；另一方面，由于APP获取的流量变少，以出售广告位作为主要商业模式的应用商店也大受影响。

不过，同样也存在一些尝试创新的应用商店及应用产品发起了形态升级，通过对接用户最新需求开辟了新的道路。比如，应用宝通过将QQ阅读中近期比较热门的内容提供给用户，带动了260%的整体转化率。再比如，本来下载率较低的图片合成器类工具，通过为用户提供了合成前后的图片对比，让用户更清楚地感受工具用途，也大幅提高了下载率。

很多时候，产品创新并没有预想中困难，只要能够精准捕捉用户的最新需求，做到与时俱进，即便是细节上的产品改善也能收到显著的效果。

记住，如今已没有任何一款产品能够始终让用户保持新鲜感，只有紧随用户需求不断创新，对现有产品进行升级或是推出全新的产品，才能不断聚拢用户，增加用户黏性，从而走向上升的单行道。

2.技术or需求？"酷"才是最重要的

一个成功的创新产品的创新基点是什么？有人说是具备高端技术含量，有人说是能够满足用户的具体需求，但是，互联网时代的新兴创业者和创客们却说，产品够"酷"才是最重要的。

我们常说，一件真正成功的创新产品，一定是能够让用户"尖叫"的产品。技术和需求能够让用户"尖叫"吗？产品的技术含量能够吸引用户眼球，产品满足现有需求能够让用户感到满意，但唯有产品带给用户"酷"的感觉，才能让用户"放声尖叫"。技术和需求对产品很重要，但却不是创新产品最关键的因素。技术含量不是顶尖的产品同样能够获得用户拥护，没有以用户现有需求设计的产品也可以通过发掘和满足用户的全新需求取得市场成功。最为关键的，还是让用户注意到你的产品，喜欢上你的产品，离不开你的产品。

"酷"是马克·扎克伯格经常挂在嘴边的一个词，而当前社交领域的绝对巨头Facebook，也正是在扎克伯格"酷"的理念下成立并一步步发展起来的。

扎克伯格酷爱编程，在大学中，他经常会独自制作一些应用软件并在校园中传播。Facebook的雏形，正是扎克伯格在大学中设计完成的一款用于美国各大高校在校学生相互交流的社交工具。扎克伯格只以个人的兴趣去设计软件，而且坚持原创理念，不愿按照他人的旧有模式去设计产品。对他来说，产品技术含量是否足够高，是否能满足大众需求都不是最主要的，只要用起来够"酷"就行了。即便最后走上创业之路，从非商业领域走进商业领域，扎克伯格的这一理念仍没有丝毫变化。

在创业初期，扎克伯格甚至没有指定任何成长指标、财务指标，整个创业团队的目标只有一个，那就是不断对Facebook进行产品升级，使其始终保持"酷"的感觉。在当时，通过在社交工具中投放广告，是整个社交领域最普遍、最主要的盈利模式，但是扎克伯格却认为大量广告会影响用户体验，不够"酷"，因而拒绝了许多企业在Facebook上投放广告的需求。尽管在后来，迫于盈利的压力，扎克伯格改变了初衷，答应了一些企业的广告投放申请，但他还是规定要严格筛选广告内容，尽可能为用户提供有用的信息，同时将广告位设计在"边角"区域，减小对用户操作和体验的影响。Facebook的这一系列举措得到了用户的认可，因此即便在其引入广告后，也未对用户活跃度和满意度造成明显的负面影响。

正是因为始终秉承着对"酷"的追求，Facebook才能成为深受广大用户喜爱的创新产品，成为当前世界上用户数和活跃用户数都首屈一指的社交平台，缔造了互联网时代下又一个快速成长的商业奇迹。

做创新产品需要追求"酷"，但不代表要无视技术和需求，只不过优先度有所不同。无论在任何领域中，产品都需要技术和需求的支撑。产品的技术含量可以不顶尖、可以不领先于时代，但必须达到"及格线"，给予用户足够满意的体验。假如Facebook使用起来极不流畅、操作烦琐，即便其功能设计再"酷"，恐怕也无法赢得用户的心。同样，即便是挖掘用户全新的需求，也要保证该需求是真实存在，是"痛点"所在，而且产品能够有效解决用户的需求，否则再"酷"的产品对于用户来说也是一堆"废铁"。

再让我们看看苹果公司的众多产品，从技术含量上无可挑剔，也能够满足用户的具体需求，但这些都不是使其成为用户心目中"创新领导者"的关键。因为苹果的成功产品在工业设计、性能规格、产品体验等各个方面都为用户提供了"酷"的感觉，才让许多"果粉"始终为其痴迷。

在创客精神的引导下，创客与"酷"可谓有着天然的契合度。特别是在非商业化创客活动中，创客们不会优先关心创意的技术含量以及创意产品是否有实际需求，他们只是希望创造出一种前所未有的产品，提供"酷"的感觉。因此，在企业内部的创客组织中，也应当进一步发扬这种创客精神，当创客组织的成员们在一定程度上"忘记"技术、"忘记"需求，往往能够设计出更具市场爆点的创意产品。

3.关注长尾,打开产品创新之门

"二八定律"在规模经济时代"统治"了企业战略、管理模式、产品制造、营销推广等众多商业环节。在规模经济特征下,基于不平衡现象的"二八定律"确实发挥了重大优势,使企业能够以最低的成本、最小的风险来牟取最大潜力的收益。但不可否认的是,"二八定律"也在某种程度上限制和扼杀了企业的创新动力,使市场中的产品趋于同质化。而对于互联网时代的企业来说,无法推出有别于主流产品的创新产品,结果往往是致命的。

在"二八定律"的市场下,由于20%的主流产品能够提供80%的市场收益,因此所有企业都希望涌入主流市场,没有企业愿意傻傻地以80%的非主流产品去牟取那微薄的20%市场收益。但是,当主流市场的竞争过于激烈时,"二八定律"还能如预期般发挥作用吗?假如,在主流市场中有10家竞争企业,他们均分了市场收益,相当于每家企业获得了8%的市场收益。而在被忽视的长尾市场中,仅有1家企业,没有竞争者,只要该企业能够统合长尾市场,那么将会独享20%的市场收益。

在过去,由于信息手段、推广渠道、设计制造模式的限制,统合零散的长尾市场需要耗费巨大的成本,入不敷出。但在互联网时代下,这些曾经的阻碍都能够得到解决，企业可以通过多种途径统合长尾市场，成为某领域的最终拼图，甚至达成与行业大佬平起平坐的市场地位。

查普曼原本是一个普通的制造商，他在美国华盛顿的一间地下室内拥有一个小型数控机床，他也懂得如何使用CAD软件设计模型。因为儿子的愿望，查普曼设计了一些与乐高尺寸相当的现代玩具枪支，而且异常精美，他的儿子非常佩服。他也拿出了一些作品与成年乐高迷们分享，看到成品后的乐高迷们纷纷呼吁推出更多的玩具枪，于是查普曼便建立了一家网站专门出售玩具枪模型。

以此为起点，查普曼又创建了石臂玩具制造公司（BrickArms），时至今日，该公司已经成为了许多玩具巨头都不敢与之匹敌的大型玩具商。他们针对骨灰级消费者设计并制造武器模型玩具，并通过网络销售给众多资深乐高迷。而且，这些玩具组件远比一般的乐高组件更复杂、更精美，为用户们提供了更酷、更丰富的创意场景元素。

石臂玩具制造公司与乐高所采用的产品模式完全不同。乐高采用的是工业模型生产，由专业的设计团队设计出原型模具，并在车间中制成原型产品，一旦样品合格，便会在生产线上进行大规模生产。而石臂则是用CAD等软件设计模型，并运用台式制造工具做出模型，再由其他代工厂根据设计图及模型完成小批量生产。尽管石臂的产品产量和销量都远不及乐高，但却能够满足最挑剔的用户们的需求，填补了市场的空白。这也使得石臂公司在不断推出小众向创新产品的同时取得了巨大的商业成功。

以"二八定律"开展竞争，对小型企业来说无疑是不利的。与大型企业相比，他们的产品没有本质区别，生产成本、渠道成本更是毫无竞争力。一旦行业巨头企业着手整合主流市场，小企业唯有溃败的下场。对于小型企业来说，最好的机会就潜藏在长尾市场中，根据小众需求推出针对性的创新产品，统合小众市场并不断提高用户黏性，同样能够发挥出不输给主流市场的商业效应。

创客运动的兴起，更是能够让企业"如鱼得水"般地开拓长尾市场。小众用户中潜藏的创客们，由于主流产品无法满足自身需求，便会发挥自身的创造力，制作出各种奇思妙想的产品，这使得企业能够更加精准、明确地把握住小众用户的具体需求。不仅如此，企业可以通过网络渠道整合小众需求，并通过电商平台将产品销往各个地区，解决长尾市场中的高成本问题。

企业内部的创客组织，在进行产品创新设计与研发时，也应当更多地关注长尾市场。在主流市场中，不仅难以顺利发掘出好的创意，还要面临着巨大的"创新竞争"，一旦竞争对手比你先一步推出类似的创新产品，以往的创新投入就将大打折扣，难以取得预期成果。长尾市场中，存在的是无数个"创新小门"，尽管单个市场回报潜力不及主流市场，但胜在数量多、可能性大，能够为创客组织提供充足的产品创新空间。

4.做创新产品必须具备匠人精神

做创新产品,未必一定要完全原创,以用户深层次需求作为出发点,发挥匠人精神,不断将产品推向极致,同样也能造就成功的创新产品。

许多民族都拥有匠人精神,而将匠人精神与商业创新结合得最为成功的当属日本,日本制造业在近代取得的成功,在很大程度上源于企业家们的"匠人精神"。

2015年春节期间,中国游客蜂拥至日本购买马桶盖,引发了一道"奇观"。那么,日本制造的马桶盖究竟有何特别之处呢?这小小的马桶盖,能加热、能冲洗、能热风吹干,正是这些细节上的改进,满足了消费者的深层次需求,也使得产品受到了消费者的认可和追捧。很明显,这款"神奇"的马桶盖并没有什么高端的技术含量,但在制造企业的匠人精神下,通过现有技术的有机结合,满足了消费者的深层次需求,因而也成为了一款出色的创新产品。

其实,就创新的"首创能力"而言,日本企业并不突出,但是他们擅长"拿来主义",擅长对现有的技术或产品进行加工改良,使其更强大、更实用、更适合用户需要。比如，以创新产品闻名世界的索尼公司，其实其录音机、电视机、CD机等产品的基础技术，都是由欧美企业最先提出并完成的，但是索尼公司却能以此为基础将技术进一步完善，推出功能更强、性能更好的产品，因此同首创能力更强的欧美企业相比仍能不落下风。

匠人精神，同创客精神有一定的相通相似之处，他们都能够排除外界声音的干扰，专注于思考和实践，为的只是实现心中的下一个目标。

日本树研工业，曾在1998年生产出了当时世界最小的十万分之一克的齿轮，而为此他们耗费了整整6年时间。而到了2002年，树研工业又刷新了自己的纪录，他们批量生产出了重量仅为百万分之一克的超小型齿轮，这款被形象地称为"粉末齿轮"的产品有5个小齿，直径仅为0.147毫米，宽度仅为0.08毫米，树研工业总计研发投入超过2亿日元。

然而，截至目前，任何行业都没有应用这种"粉末齿轮"的机会，树研工业花费巨资研发没有实际需求的产品着实让许多人看不懂。其实，这就是一种追求极致的匠人精神，既然身处一个领域，就要敢于并乐于做到最好，这既是技术实力的展现，也是对创新的不断追求。

这种"不计后果"的匠人精神，恰恰是许多企业在创新之路上所缺失的。太多的企业将创新视为噱头、将创新视为利润源泉，但是却忽视了创新的本质，没有脚踏实地、心平气和地去做产品，这也导致了许多所谓的创新产品只是博人眼球、昙花一现，而没能具备长期的、稳定的创新价值。

之所以要在企业内部搭建创客组织，原因之一也是为了借助创客精神与匠人精神的相通之处，为企业创新注入匠人精神。因此，在创客组织发

第 ⑮ 章 创客组织产品设计

起创新产品项目、实现创新产品项目的各个环节中，都应当鼓励他们"不计后果"，以追求极致的产品设计作为第一要务，产品的价值、成本、实现难度等外在因素的限制，可以随后再考量。同样，也不能在发掘了一个绝佳的创意点后就认为万事大吉，而对产品质量有所放松，一个卓越的创意必须借助优异的产品质量才能得以展现。

做创新产品，不能舍弃匠人精神，只要始终专注，抛却浮躁、焦虑、功利，不断地追求极致，创新之花必然会得以绽放。

第 16 章

创客组织价值链强化

　　创客组织的第一要务是创新,但是这并不代表创客组织的行为可以脱离企业价值链。诚然,对于创客组织的评估不能像对待其他部门一样采用明确的财务及业绩指标,不过也必须确保创新组织进行及完成的创意项目能够为企业当前或未来带来价值。对于企业来说,没有价值的创新是没有意义的,创客组织的创新行为,必须紧扣企业价值链来开展。

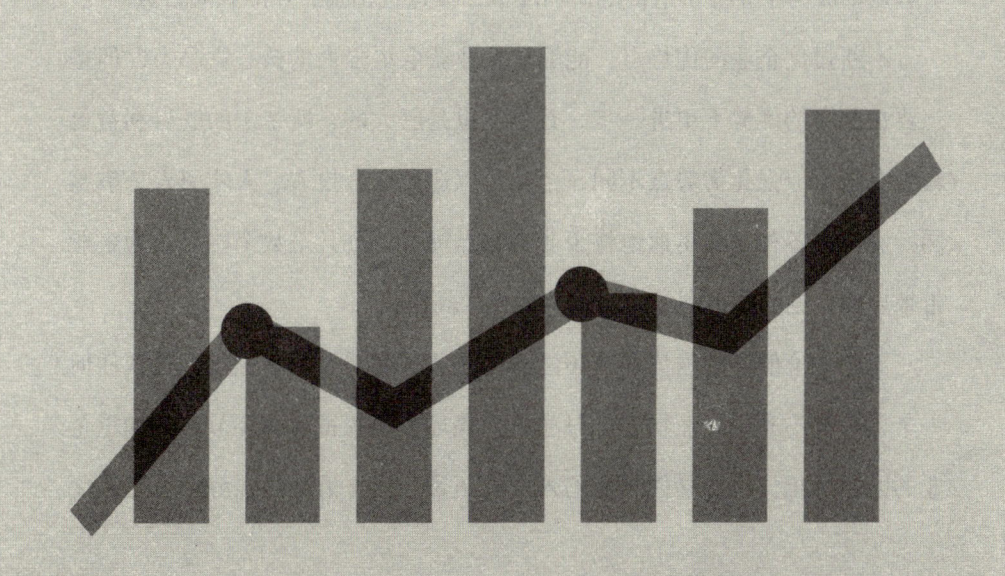

1.价值链的薄弱环节正是利润盲点

价值链的概念是由迈克尔·波特在1985年出版的《竞争优势》一书中首次提出的。企业创造价值的全过程可以分解为一系列互不相同而又息息相关的经济活动,其总和即构成了企业的价值链。任何一个企业中的每一项经营管理活动,实际上都是价值链条上的一个环节。对于企业来说,寻找更多更好的盈利方式,其实就是拓展和完善价值链的过程。

任何一个企业,在其所处领域中,都不可能处处领先,有相对优势的存在,就必然会有相对劣势的存在。优势点成为了企业价值链的强势环节,劣势点则成为了企业价值链的薄弱环节,而这也正是企业的利润盲点。

不断强化企业的优势点,能够让企业获取更强大的核心竞争力,但是想要在原本的优势上更进一步,其难度也是巨大的,所带来的既得利益也较为有限。但强化劣势点不同,企业可以通过资金投入、人才引入、借鉴同行经验等各种方式迅速地将企业劣势点提升一个甚至数个档次,为企业带来显而易见的既得利益,实现"低投入高回报"。

无论是价值链的强势环节还是薄弱环节,都需要不断强化,忽视任何一个方面都不利于企业发展。只注重强势环节而忽视薄弱环节,会加重企业的财务负担,也容易使企业陷入发展瓶颈。当价值链的强势环节迟迟无法得以突破时，企业会在竞争压力下陷入极为不利的局面。而只注重薄弱环节而忽视强势环节同样不可取，通过不断强化薄弱环节可能使企业在阶段时间内以极高的效率发展，但是随着整个行业的进步，失去强势环节的企业也就失去了核心竞争力，失去了"亮点"，整个品牌的价值就难以上升到一个较高的层面上。

对于企业来说，强化价值链的薄弱环节往往比强化价值链的强势环节更加简单，但是问题在于，价值链的薄弱环节极易被忽视。就如同个人一样，他可能能够清楚全面地看到自己的优点所在、优势所在，却不易发现或不易承认自己的不足之处。而在一个企业中，能够为企业带来丰厚利润，能够让企业在市场中立足的价值链环节总能成为关注焦点，即便想忽视都不可能做到。而那些无法为企业带来利润，甚至给企业发展拖后腿的价值链环节，却往往不被正视或触碰。而这绝非是促进企业发展的正确思维。

增强企业的"正向因素"能够促进企业发展，而消除企业"负向因素"同样能够促进企业发展。而就创新的难度来说，强化价值链强势环节往往需要颠覆式创新，强化价值链薄弱环节通常只需要改良式创新，这无疑要更加简单。企业在内部搭建创客组织，不能总是冀望其能不断强化价值链强势环节来"一获千金"，弥补价值链薄弱环节同样能够带来不容忽视的创新价值。

创客组织通过发现和强化企业现有价值链的薄弱环节，是弥补利润盲点，实现创新价值的有效方式。根据实际情况选择对价值链不同环节的强化，就是在颠覆式创新和改良式创新之间寻求平衡点，也是使创客组织成为一个价值创新组织的重要方式。

2.寻找从灵感到结果的最短路径

许多创新组织都会运用头脑风暴法来最大限度地发掘创意灵感,通过让组织内部及外部人员毫无顾忌地提出自己的大胆设想,再经过创意的整合、归类、搭配、探讨来确定最终的创意方案。头脑风暴法确实能够有效地解决创意灵感的来源问题,但是却难以有效地解决创意灵感的实现问题。在创意实现的执行过程中,如何通过简单有效的思维流程,应对创意实现过程中的瓶颈,提高创意实现的效率,是快速实现创新价值的重要影响因素。

头脑风暴法是一种发散思维的方式,而当创意项目最终确定,就需要发动聚合思维,将全员的智慧专注于项目实践中,奔驰法(SCAMPER)正是为此而存在的一种结构化思维的指导方针。

奔驰法(SCAMPER)实际上是七个英文单词的缩写,这七个英文单词也代表着奔驰法的七个环节。七个环节的具体内容如下所示。

(1)S——Substitute(替代):探讨通过功能或材料的替代来实现项目的环节。

(2)C——Combine(合并):探讨通过功能合并来简化项目、降低实现难度的环节。

(3) A——Adapt（调适）：探讨通过材料、功能、外观的微调优化项目的环节。

(4) M——Magnify（扩大）：探讨通过材料、功能、外观的大幅调节深化项目的环节。

(5) P——Put to other uses（其他用途）：探讨拓展功能，赋予更大市场价值的环节。

(6) E——Eliminate（消除）：探讨消除非必要设计或功能，精简项目的环节。

(7) R——Reverse（翻转）：探讨设计方案及执行的顺序调整发掘项目可能性的环节。

在奔驰法的具体应用环节，主要是通过根据项目方案提出问题和解答问题的方式，发现和解决现有方案中存在的问题及不足，不断优化方案的同时，确立一个行之有效的项目执行流程及方法，加速项目的实现和创意的转化。

环节	探讨问题
Substitute（替代）	可以替换或改变项目的某些内容吗？ 可以采用哪些替代材料？ 创意产品的外形设计及功能可以替代吗？ 可以进行哪些人员的替换及调整？ 可以替换项目执行的哪些流程及规则？
Combine（合并）	哪些创意点或产品功能可以合并？怎样合并？ 能否通过并入新的功能来拓展产品价值？ 是否需要引入新的专业人才加入到项目研发中？
Adapt（调适）	在现存产品中是否有与项目类似的东西？ 是否可以复制或借鉴过去的经验？ 其他领域的创意是否能应用到项目之中？ 方案细则与执行流程是否还有调整空间？

续表

环节	探讨问题
Magnify（扩大）	创意产品是否还可以附加更多的功能？ 创意产品的外形、功能等存不存在更大颠覆可能？ 研发团队的扩大是否能够加速项目完成？
Put to other uses（其他用途）	是否能够发掘创意产品的其他用途？ 项目的目标客户群基础能否进一步拓展？ 项目中的创意或设计能够应用于其他项目吗？
Eliminate（消除）	项目能否得到简化？ 消除某部分设计时是否会影响产品使用？ 去掉某项功能时会不会影响产品的体验与核心价值？
Reverse（翻转）	哪些顺序的调整不会影响研发进程？ 变换现有的材料、功能、人员组合等是否能取得更好效果？ 因果颠倒，用倒推法能否突破瓶颈？

如上表所示，针对每一个环节，都可以提出类似主题的问题供全体成员讨论，一层层优化方案。根据项目具体内容和实现难度的不同，可以减少或增加某些问题，但运用的思路不变。针对每一个环节提出的问题及答案，都要作好详细记录，便于回顾和再讨论。七个环节最好按照自上而下的顺序完成，当一个环节进展不顺利时，也可先跳跃至下一环节，之后再重新探讨问题较大的环节。

创客组织在寻找从灵感到结果的最短路径时，可以充分运用头脑风暴法+奔驰法的组合，先利用发散思维拓展创意源泉，从创意之海中寻找当前最受认可或最具价值的创意项目，然后再利用聚合思维集中全体成员的才智去改善项目，最终形成一套明确、详细、高效的项目实现方案和执行方法流程。

3.创客组织,必须是一个"全能组织"

无论是拥有单一职能还是复合职能的创客组织,在能力上都应该实现全面化。只是专注于创新项目的研发,难免会使创新项目脱离企业的实际状况或是市场的实际状况。为了更确实地兑现创新价值,创客组织必须从研发到营销,成为一个"全能大师"。

(1)创客组织是一个"研发组织"

这是创客组织的根本职能,一个不具备提出创意和实现创意的创客组织,就失去了存在的意义和价值。

创客组织的研发属性包含两个层面:一是创意的提出,二是创意的实现。创客组织要能够不断地发掘出有别于现有产品的创新项目,而且不能无所顾忌地随意发散思维,要确保创新项目是有市场的,是符合企业战略发展规划的。同时,提出的创新项目必须在技术上、时间上、成本上具备可行性,创客组织要具备独立将其完成的能力,否则再好的创新也毫无意义。

创客组织的创新任务,同样也包含两方面内容:一是完成自主提出的创新项目,二是完成企业下达的具体创新项目。对于创客组织来说,绝大多数时候面临的创新任务,都是自主提出的创新项目,但也不能排除企业根据市场中突然出现的机会制定紧急创新目标交由创客组织去完善和达成。这些都是创客组织研发的职责所在。

（2）创客组织是一个"协作组织"

创客组织，不是只闷在研究室里作研究，同样需要与企业的各部门开展相关的工作协作与配合。比如，当需要资源及人力的支援时，创客组织需要从其他部门寻求帮助；当其他部门需要创客组织提供技术支持时，创客组织也应当第一时间全力支援。这些都要求创客组织要成为一个具备高度协作能力的组织。

创客组织的协作能力，一方面来源于组织内部的协作精神，这要求创客组织的负责人及全体成员都具备协作的意愿和积极性。对于创客们来说，一般不会欠缺协作精神，在创客精神的引导下，他们深知协作的重要性。创客组织需要做的，是将协作的精神和能力融入企业的日常工作中，与各部门紧密对接。

另一方面，创客组织的协作能力也需要企业制度的支持。企业上层既要向创客组织灌输部门间协作的重要性，鼓励他们多多参与部门协作任务，也要在行动上给予其相应的权限，使创客组织负责人独立判断哪些协作任务可以接受，又要如何开展等。

（3）创客组织是一个"营销组织"

创客组织不需要亲自参与具体的营销执行工作，但是必须懂营销，这直接关系到创意产品是否能够具备预想中的市场价值，其市场价值能否顺利兑现。

在项目创意阶段，创客组织需要明确该项目能够解决哪些需求，针对的是哪类群体，他们是否愿意为此买单，是否具备足够的购买潜力，等等。

只有明确了这些问题，才能明确创意项目是否具备真实价值，预估的市场容量有多大等信息。

而在项目方案完善阶段中，创客组织也应当在各方面考虑到后续营销的问题。比如用什么样的产品名称能取得更好的宣传效果，设计怎样的外形更受用户欢迎，采用什么样的包装更加醒目，等等。只有将可能影响后续营销的所有因素纳入探讨范围内，一—得出结论，才更有可能使产品在推向市场后"一炮走红"。

让创客组织成为"全能组织"，并非是让其承担更多的职能，创客组织的主要职能仍然是创新研发。只不过，创客组织需要在创新过程中充分运用协作精神和营销理念等，更好地支持创新项目快速落地并成功兑现市场价值。

4.重构价值链，将创意与利润挂钩

既然企业价值链的薄弱环节是利润盲点所在，那么针对这些薄弱环节进行价值链重构，正是一种将创客组织的创意与企业利润挂钩的好方式。

根据评判的角度不同，价值链也分为不同的层次，创客组织的创新方向与内容也会随之改变。对于企业来说，价值链从低层到高层通常可以分为产品价值链、运营价值链和行业价值链。

（1）产品价值链

产品价值链，即企业所生产和推出的一系列产品在市场关联作用下形成的价值链条。对于只推出单一产品的企业来说，只有价值点，无法形成价值链。比如，某服装厂只生产面向年轻女士的女装，那么就难以形成价值链，而如果该服装厂既生产女装，也生产男装，同时面向各个年龄层，那么就形成了一个较为完整的服装价值链。

不是同一类型的关联产品同样能形成一个范围更大的价值链。比如美的公司，推出了空调、冰箱、洗衣机、微波炉、抽油烟机等一系列产品，形成了一个庞大的家用电器价值链。

形成稳固的产品价值链，有利于企业抢占更大的市场，强化品牌渗透能力。比如，某家专业生产电脑整机的企业，可以如何完善产品价值链呢？可以由研发部门继续专注于核心产品研发的同时，由创客组织开展对硬盘、鼠标、键盘等配套设备的研发，从而形成一个完整的计算机设备产品链。这就为创客组织提供了较为明确的研发方向，既简化了其创新的流程，也能确保其研发的产品能够与企业核心产品形成市场呼应，有利于利润转化。

（2）运营价值链

产品的销售是企业赚取利润的主要方式，但通过企业运营方面的优化，降低企业运营成本，同样可以有效地提高企业利润。企业的生产制造、物流运输、营销推广、内部管理等各个环节，全部都需要成本的投入，通过降低投入就相当于变相提高了企业的利润空间，也由此产生了一条企业内部的运营价值链。

当企业的运营价值链强于竞争对手时，就能握有更大的竞争话语权。企业可以在保证利润率的同时降低产品售价，通过价格优势抢占市场，也可以在售价不变的前提下增加企业的利润收入，通过资金实力的增长扩充企业规模。

运营价值链的优化包含许多内容，实现的方式也有许多种。企业可以通过管理的优化、流程的优化去提高效率、降低成本，当然也可以运用一些技术手段来提升企业的运营效率，这也就成为了创客组织的研发方向。比如，在企业的生产制造环节，可以由创客组织对现有的生产线进行研究，发现其中的低效点，并通过研发一些创意工具来增加生产的自动化水平或是提升生产人员的工作效率等。再比如，在企业的物流运输环节，可以由创客组织设计一套物流信息软件，用于跟踪、记录、整理各项物流信息，既能提高企业的物流水平，也能降低物流管理费用，避免物流风险带来的损失。

（3）行业价值链

行业价值链即走出企业内部，从企业的上下游领域或相关领域中去寻找和发现更大的价值链中的薄弱环节，挖掘新的市场机会，也就是如今常说的跨界融合或跨界转型。

在工业时代，一些具备强大实力的巨头企业会通过整合上下游企业的价值链，使企业获取更强大的竞争力。比如沃尔玛，长期以来通过各种方式提高供应商的效率、第三方物流企业的效率等，不仅使这些上下游的合作企业得以更好的发展，也使得自身获取了强大的议价能力和价格优势。而在互联网时代，随着行业间壁垒不断被打破，走出企业所在领域，通过跨界来搭建一条更强大的行业价值链，也成为了许多企业的选择。比如乐视，从视频网站到乐视TV，搭建起了视频资源价值链。比如小米，从智能手机到智能家居，搭建起了智能工具价值链。

企业内部的创客组织，也不必局限于企业所处的行业本身，在这个互联网的时代，行业与行业之间的联系在不断加强。创客组织完全可以从企业的上下游领域或相关领域着手，开启一条与企业主营业务相关而又不相同的创新方向，这既能为企业提供跨界的机会，也能协助企业搭建一条更为强大的价值链。

三种层次的价值链重构，为创客组织提供了三个不同的价值创新方向。而三种价值链创新，也并没有绝对的难易之分，有时行业价值链创新并不困难，而有时产品价值链创新也并不简单。企业的当前价值链状态，创客组织的创新研发能力，都会影响到价值链创新的选择。创新并无绝对的规律可循，这需要创客组织灵活应对。

第 17 章

创客组织创新激励

创新没有极限,但用于创新的大脑却会失去"弹性"。任何一个组织,都不可能永远保持高效,永远保持正常运作。同样,在不间断的创新之路上,创客组织也难免会失去创新动力,陷入"创新疲劳"状态。当创客组织的运转不再流畅时,惩戒绝非是一个好办法,通过多样化的激励方式,为创客组织注入不同的创新动力,才是最佳选择。

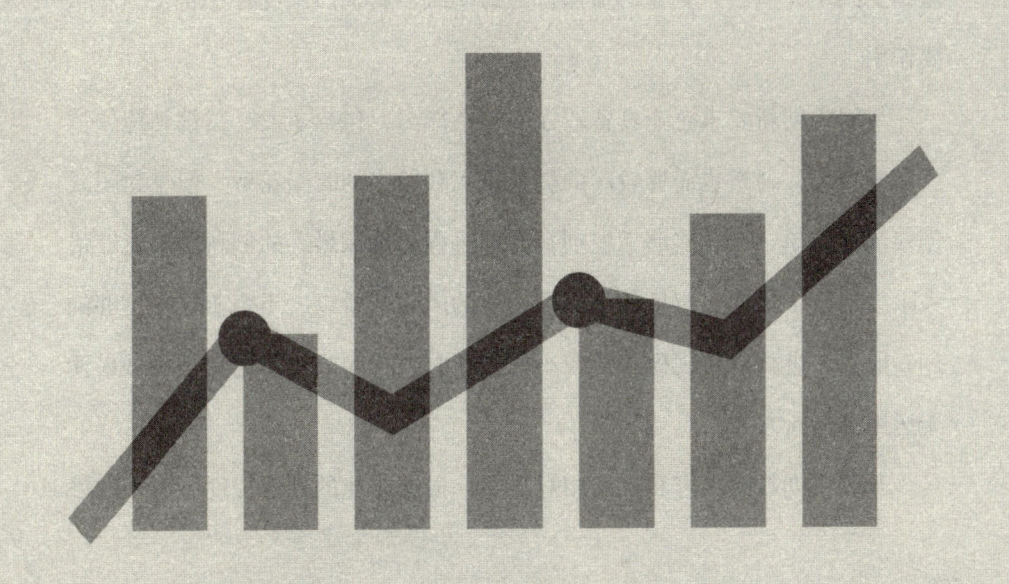

1.封闭式创新vs开放式创新

从创新的形态上来看,大致可分为封闭式创新和开放式创新。封闭式创新是传统的企业创新形式,企业自己掌控产品创意、产品研发、推广上市的全过程,实现内部的一体化创新。而开放式创新则是在互联网思维下产生的全新创新形式,企业通过引入外部协作者,通过企业内外创新要素和资源的整合、互动,实现内外协同创新。

封闭式创新与开放式创新是两种不同的创新选择,两者之间并不存在绝对的优劣之分。尽管在互联网时代,开放式创新展现了强大的创新能量,受到了许多新兴企业的追捧,但封闭式创新仍然广泛存在且发挥着重要作用。

封闭式创新要求企业具备较强的创新能力,包括研发、营销和跨领域资源整合等,通常也需要较高的资金投入和较多的时间花费。但是封闭式创新流程简单,企业能够掌控创新的全过程,确保最终的创新成果能够最大限度地符合预期,避免创新目标偏离的风险。所以,当企业具备足够的创新能力,进行一些规模相对较小的创新时,封闭式创新仍然是一种最便于运用的创新方式。

开放式创新的内容和运用相对复杂,根据企业的开放程度、引入的外部创新要素和资源的规模、外部协作者的性质等，都会影响开放式创新的内容和展开流程。大体上，开放式创新可以分为基于个人的开放和基于组织的开放。

基于个人的开放式创新，是借助个人的思维、方法、成果等，搭建一个全新的创新体系。既可以让企业的客户加入到开放式创新体系中来，也可以让所有人都自由地参与到开放式创新体系中来。

维基百科是运用开放式创新的成功代表，其于2001年成立，并由全球的互联网用户基于互联网协作编写，完全免费开放共享。截至2013年，维基百科英文版的收录条目已达415万，而全球所有282种语言的总收录条目达到2100多万，全球的志愿编辑者总计3200多万人，总编辑次数超过12亿次。维基百科带来的开放式创新可谓盛况空前，而取得的创新成果也是前所未有的。

基于组织的开放式创新，是企业请供应商、专业咨询机构、专业技术机构等参与到创新体系中来，通过具备专业知识和技能的组织提供的针对性意见建议，加速企业的创新升级和创意转化。

为了给企业注入创新动力，宝洁公司启动了一个名为"技术型企业家"的计划，鼓励全球具备独立技术研发能力的组织成为宝洁的创新服务提供商。当宝洁提出某一技术性问题时，即可从世界各地得到建设性的解决方案，为技术问题的解决提供思路。而当这些创新服务商们取得了某项技术创新时，也会优先卖给宝洁公司。据宝洁公司发表的声明称，自实行这一开放式创新以来，宝洁的研发能力提高了近60%，创新成功率直接翻倍，而创新成本反而下降了20%。

根据开放式创新的主导方向不同，还可以分为企业主导的开放式创新和用户主导的开放式创新。

美国SAS是全球最大的非上市软件公司，该公司每天都会通过公司网站、电话等各类沟通渠道来搜集用户的意见和建议，每年都会邀请用户在网上对其推出的软件进行投票，以了解用户需要的新功能或改进点。SAS在搜集信息后，还会对其进行优先级划分，并利用数据库进行持续追踪，每当进行软件更新研发时，便能着手解决所有记录在案的问题。

SAS所采用的创新模式是典型的以企业为主导的开放式创新，广大用户的反馈意见为企业提供了创新的源泉，但对于反馈信息的整合、评估、筛选则完全由企业完成，用户并未深入地参与到创新活动中。

Threadless在线服装店采取了另一种开放式创新模式，通过请人们为T恤设计图案来直接推出创新产品。每周都会有数百名参与者提出创意图案设计，并通过整个社区投票来选出最受消费者欢迎的设计图案，得票数最高的四到六个图案会被印在T恤上并在店内销售，获胜者则可以得到现金和商店信用卡等奖励。

Threadless在线服装店采用的就是以用户为主导的开放式创新，广大用户能够深入地参与到企业创新活动中，他们的创意能直接转化为创新产品。

企业主导和用户主导的创新模式的选择，主要视创新内容而定。例如在上述的两个案例中，SAS之所以选择企业主导的开放式创新，是因为一般用户难以对软件创新提出完整的方案；而Threadless之所以选择用户主导的开放式创新，则是一般用户有能力独立完成服装图案设计甚至提交成品。

所以，无论是封闭式创新还是开放式创新，无论是哪一种具体形式的开放式创新，都没有绝对的优劣之分，而是要根据企业自身的创新能力、企业所处的领域、企业创新的内容等作出最适合的选择。灵活运用多种创新形式，也是刺激企业内部创客组织开启多元化创新的有效方式。

2. "内部创业"不只是一个口号

随着创业意识深入人心，许多企业为了留住人才，激发人才的最大潜力，开始引入内部创业机制。所谓内部创业，即是由企业向有创业意向和优秀创意的员工发起倡议，在企业的支持下承担企业内部某些业务内容或工作项目，进行创业并与企业共同分享成果的模式。这是一种深层次的激励形式，不仅能够满足人才的创业欲望，也能够激发企业内部的创新活力，改善内部的利益分配机制，实现员工和企业的双赢目标。

内部创业，对于创业者和企业都有极大的优势。相较于另立山头、自力更生的创业方式，创业者选择内部创业能够在资金、设备、团队等各方面资源取得显著优势，而且创业者对于企业环境较为熟悉，可以集中精力用于创新项目的研发和新市场的开拓等。同时，企业能够承担一部分创业失败风险，创业者所面临的压力也小了许多。而对于企业来说，建立内部创业机制，不仅能够顺利挽留优秀人才，给予他们更高层次的成就感，满足他们更高层次的物质和精神需求，同时也有利于企业采用多元化形式经营，节约成本、不断创新。

例如，华为集团早在2000年就为了解决内部机构臃肿和老员工问题而积极鼓励内部创业，最终将一些非核心业务，如生产、公交、餐饮业等以内部创业的形式社会化，先后成立了广州市鼎性通讯技术有限公司、深圳市华创通公司等，不仅圆了优秀员工的创业梦，也实现了华为集团的经营转型。

为了最大限度地激发创客组织的创新活力，企业不应仅仅将创客组织视为企业内部的一个创新部门，而是应当运用内部创业机制，赋予创客组织更大的创新自由和利益分享。创客组织是一个人才组织，创客组织的工作模式与创业模式也有众多相似之处，因此内部创业机制能够与创客组织实现无缝对接。通过让创客组织自主提出研发项目、实现项目、进行项目市场化运作，并享有项目的部分利润回馈，既能够大幅提升创客组织的创新活力，也有利于创客组织综合能力的提升，以便在未来产生更多更符合市场需求的创新项目。

内部创业不能流于形式，不能只是作为一个响亮的口号，而是要通过企业内部的机制和制度等予以落实。

（1）明确并传达企业的愿景和战略目标，使创客组织在开展内部创业时有一个可遵循的方向，并与企业的经营方针相辅相成，避免走上弯路错路。只要是符合企业愿景、有助于实现战略目标的创业项目，都应该被无条件支持。

（2）赋予创客组织足够的自主权，但同时也应当要求其承担责任。只有真正让创客组织放手去做，让他们自主负责项目的进度、资金资源的运用、市场的运作等，才能真正使其成长，如果还是"手把手"地控制创客组织的行动，永远无法使其脱离"内部部门"的定位。凡是企业通过的创新项目，不应当让创客组织承担项目的市场风险，创客组织所要肩负的责任，仅仅是按时保质地完成创新项目。

（3）限制惩罚制度，给予充分的容错空间。如果在创业项目失败时创业组织要承担过重的处罚，会使创客组织宁可选择相对保守的创新项目，这并不利于企业的创新竞争力提升。凡是非原则性错误，企业都应当最大限度地容忍，任何形式的创新，都必然会承担一定的风险。

（4）采用红利与内部资本双重奖励制度，让创客组织真正享受到内部创客带来的回报。如果创客组织辛辛苦苦达成了一项成功的创业项目，最后获得的却是和通常情况下没有差别的薪酬回报，必然会使其心生不满。对于创业成功的奖励，最好的方式就是按照创业项目的回报给予一定比例的回馈。项目收益越高，创客组织获得的红利就越高。除此之外，还可以给予其企业内部的可支配资本、职位升迁等作为奖励项目。

通过落实内部创业机制，让企业内部创客组织真正成为一个"创业组织"，能够更好地激励创客组织不遗余力地投入到创新活动中，同时引导创客创新项目与市场需求的对接，让创新活动更好地为企业战略服务。

3.当激情不再，如何持续前行？

在任何一家企业中，员工都有可能在某一阶段内失去工作热情，同样，创客组织也有可能失去创新激情。当创新激情从创客组织内部开始冷却后，企业应当如何引导创客组织持续创新呢？

创客组织失去创新激情，无外乎两方面的原因：一是物质或精神上的需求没能得到满足，二是创新活动遭遇了瓶颈。

企业应当采用多种激励形式满足创客组织在物质和精神上的需求。在创客组织的创新回报方面，可以发起让创客组织成员们"投资"自己的项目，待项目顺利完成后再根据"投资比例"获取相应的项目回报。而当创客组织通过某一创意项目成功实现内部创业后，还可以让创客组织成员享有部分股权，获取股息收益和股份增值回报等。创客组织对于创新活动有着独特的追求，而严格遵循企业的创新指导，可能会使创客组织的创新需求得不到满足。因此，当创客组织提前或超额完成企业下达的创新任务时，企业应当给予创客组织可供支配的时间，并允许他们自由运用企业内部的各项资源投入到自己感兴趣的创意项目的研发之中。

尽管创新空间是无止境的，但是创客组织在阶段性的创新活动中难免会碰到思维或技术上的瓶颈，并不断消磨他们的创新激情。当创客组织遭遇创新瓶颈时，企业应当加大引导力度，为创客组织提供更为明确的创新方向，并发动其他部门共同为创客组织的创新活动出谋划策。除此之外，还可以开展创客组织"走出去"战略，让创客组织与其他企业的创客组织开展技术交流，获得创新灵感。甚至还可以启动"人才交换"，让不同创客组织的成员暂时交换岗位，以新环境激发新创意。

除了以上这些在创客组织失去创新激情后的补救措施，企业还应当运用相应的策略去维护和延续创客组织的创新激情。

比如，企业可以改善创客组织的工作环境，设置一个"休闲空间"，当创客组织成员陷入思维疲劳时，可以在休息室中看看书、散会儿步、喝杯咖啡等，为大脑重新注入活力。再比如，企业可以建立一个让创客组织不断学习成长的机制，为创客组织提供一定的学习时间和相应的学习渠道，让创客组织的成员们能够随时"充电"，拓展创新灵感源泉，提升创意实现能力。

创新活动不同于其他企业经营活动，当创客组织失去创新激情后，很难通过制度或惩罚措施的约束来使其摆脱"低潮期"，如果过于强硬地运用不当措施，只会引起创客组织的对抗意识，导致创客组织彻底解散。

创新激情是需要仔细呵护的，只有重视创新激情的作用，理解创新"低潮期"的存在，支持并引导创客组织不断创新。当创客组织的创新激情冷却后，企业不能"简单粗暴"地去压制和惩罚创客组织，而是应当用激励等积极的形式去重燃创客组织的创新激情。企业只有做到在"激情期"积极维护，在"低潮期"大力引导，使创新动力始终存在于创客组织内部，才能保证创客组织在创新之路上持续前行。

第 18 章

创客组织文化建设

Go

　　创客文化，不仅对创客及创客组织的行为起着关键作用，对于企业也同样有着重大的积极意义。企业应当引导创客文化与企业内部文化不断融合、适应，形成一种全新思维的、具备更强适应性的内部文化。这不仅有助于规范创客组织的行为，同样有助于企业内部形成一种不断创新、拼搏的创客氛围。

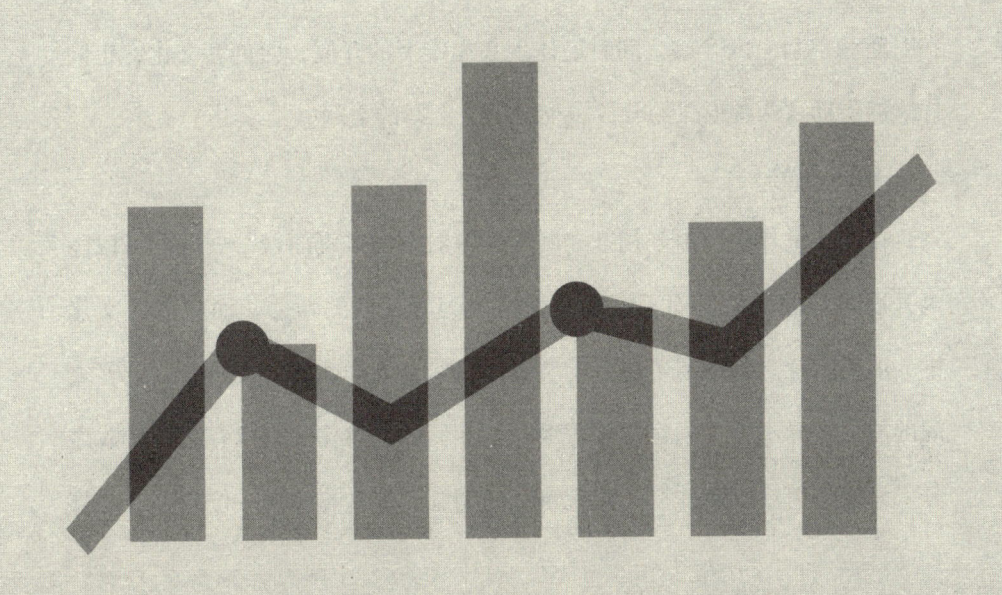

1.创客文化，是互联网精神的升级

以开放、平等、协作、分享为核心的互联网精神，不仅加速了互联网领域的普及和发展，也带来了一系列商业革命，成为了企业战略变革和内部管理遵循的重要指导方针。而创客文化，不仅忠实体现了互联网精神，同时也在各个层面上作出了全新的诠释。

（1）开放

创客文化首先是开放的，在创客活动中，不可避免地要运用各类开源工具，而开源工具本身，正是开放精神的集中体现。开放精神，不仅体现在时间和空间上的开放，同时还体现在思维上的开放，而创客文化，也同样能够借助这两种形式的开放，彻底解放创新的空间。

（2）平等

在网络世界中，由于相互之间不了解对方的"真面目"，因此可以随时开展对等的交流，而不存在身份、能力等层面的顾忌。而在创客文化中，即便相互之间知道了对方的"真面目"，同样能够实现平等。创客之间的能力差异不会为创客划分等级，创客们的创意作品也没有高低贵贱之分，只要你勇于创新并努力实现自己的创意，那么与任何一位创客之间都能够对等交流。

（3）协作

单打独斗并不是创客文化所提倡的，创客的根本目标，是发掘并实现创意，只要协作有益于更快更好地实现创意，就应该果断与其他创客或创客组织开展协作，共同致力于创意的实现。

（4）分享

创客文化提倡在创意构思阶段、创意实现阶段和创意成果阶段都要积极分享，在创客活动中，积极分享要比钻研技术更重要。通过积极分享，可以帮助自己及他人激发出更多更好的创意，也更加有利于开展协作，加速创意的转化速度。

对于企业来说，创客文化的核心在于用户创新。互联网技术及开源工具的应用普及，降低了创新的门槛，满足了人们对于创新资源和工具的需求，使得人人都可以便捷地投入到创新活动中。在互联网时代，小众商品同样有市场，冷门商品也拥有着客观的利润空间，这使得创客们的创新活动和创意项目同样能够满足用户的个性化需求，获取属于自己的市场份额和消费群体。创客以及创客文化，正逐渐成为企业技术和产品创新中不可忽视的力量。

极具草根色彩的创客文化，从本质上体现了以人为本的大众创新。创客没有年龄、职业、身份的差别，任何具有创意想法并努力将之转化为现实的人都可以成为创客。而当不同背景、不同兴趣的人不断参与到创客活动中，以创意为起点，通过分享带动每一个个人积极参与，能够补充或颠覆传统创新模式，最大限度地挖掘和释放大众创新潜力。

人人可以做创客 RENREN KEYI ZUO CHUANGKE

　　主动化的创客文化,注重以人的创造力推动创新市场化,同时以前所未有的创新活力推动万众创新氛围的形成,这既能满足企业的创新需求,也是社会创新发展的需要。原本作为亚文化的创客文化,正在扎根于民间,并以星火燎原之势推动创新,成为一种主流的创新精神。

2.由点及面，引导创客文化的扩散

企业内部的创客文化，不应只存在于创客组织中，而是应该积极地引导扩散，使之成为企业内部全体部门、全体成员共通的文化准则。

日趋多样化、个性化的用户需求为企业创新带来了机遇，也带来了挑战。相较于传统的创新模式，创客的创新关注点主要在于迭代创新而非复杂的发明创造。通过直接对接用户，关注用户的体验及反馈，在对产品的不断更新完善中实现个性化的创新定制，为企业带来前所未有的创造力。创客文化，从各个层面来看，都更为符合当前时代的创新需求特点。

如今，越来越多的企业正在谋求互联网化转型，在转型过程中积极地引入创客文化，有助于企业的成功转型，解放企业内部创意。例如，海尔就在集团内部提出了"人人是创客，让员工创客化"的理念，让员工从被动的执行者转变为主动的创新者，海尔天樽空调、雷神游戏笔记本、空气盒子、智胜冰箱、免清洗洗衣机等创意产品，都是由海尔内部的员工们提出并完成的优秀创意。创客文化不仅有助于企业的产品创新，还可以利用用户思维和大数据思维等实现营销创新，从多方面推动传统企业的互联网化转型。

引导创客文化由点及面的扩散，就是运用各种途径传播创客文化，使之成为一种被广泛认可的共同价值观。

从创客文化的传播方式来看，可以分为个人传播和组织传播。个人传播，是指由企业内部认同和支持创客文化的员工，通过自己的工作的各个环节来传递创客文化的信息及内涵，并不断感染其他同事。通常，个人传播的主力军是企业内部的创客组织成员。组织传播，是指由企业通过统一的内部刊物、广播、宣传栏、橱窗、大屏幕等渠道，通过举办创客相关活动或比赛，来集中宣讲和推广创客文化。组织传播通常由企业的宣传部门或企业上层统一组织开展。

从创客文化的传播方向来看，可以分为内部传播和外部传播。内部传播，实际上就是企业内部员工进行的创客文化的培训、教育、宣传和灌输等。通过创客文化的内部传播，有助于创客文化在企业内部的发扬光大，激发员工的创新激情。外部传播，是企业通过全面精准的对外展示，传播企业的创客文化，并最终在消费者心中留下一个美好的创新形象。创客文化的外部传播，还有助于企业树立和传递全新的品牌形象，强化企业竞争力。创客文化的外部传播，并非是单向的文化灌输，而是双向的文化交流，要让用户了解并认同企业所遵循的创客精神，才能使外部传播真正收获成果。

创客文化并非是创客组织的"专利"，每一个企业部门、每一位企业成员都可以在创客文化的影响下以全新的模式开展工作。引导创客文化在企业全体乃至企业外部的扩散，能够帮助企业真正成长为创客型企业，以不断创新为导向，以不断实现创新为目标，成为符合互联网时代需求的尖端企业。

Part 4
驱动未来

创客，正在从一种小众行为成长为一种社会性现象，将成为推动社会进步发展的一股重要力量，而这一未来驱动力需要创客自身以及社会各界的共同维系。

第 19 章

创客运动将成社会颠覆力量

> 随着创客运动的普及和深入,创客运动带来的巨大影响力不再只局限于个人和企业,还将成为一股巨大的社会性颠覆力量。国家战略、工业、商业,这些影响社会进步发展的重要因素,都已通过各种形式与创客运动产生了联系,其未来发展将与创客运动休戚与共。

1. 民间力量助推国家战略

欧美近代的车库文化催生了众多创新型企业，不仅成就了自身，也带动了行业进步与产业创新。但是在我国，由于薄弱的工业基础和淡薄的创新氛围，并未在公众中形成这样一种强大的创新力量。不过，随着创客精神的崛起和创客运动的普及，一种属于互联网时代的创新文化将为我国注入强大的创新能量，弥补公众创新能力不足的薄弱环节。

在国内，有一部分创客怀揣着创业梦想投入到创客活动中，希望将自己脑中的创意项目实现商业化。以互联网作为工具，以电子商务作为渠道，如今的创客们拥有比许多"车库创业者"更为优越的客观条件，可以轻松地获取自己想要的信息、资源等，也可以将自己的创意产品低成本地在市场中推广。其中，有不少创客的创意项目不仅赢得了投资者的信任和支持，甚至还卖到了国外，轻松实现了"国际化"。

不过，更多的创客开展创新实践纯粹只是出于兴趣，这类创客们的创新活动松散且难以形成规模，无法顺利地提供创新能量。但是，这种完全自发的创新实践同我国政府所提倡的"大众创业，万众创新"方针有着诸多相近之处，政府希望充分调动民间创客力量，提高整个国家的科技创新能力，并成为各个产业转型升级的重要推动力量。

第 19 章　创客运动将成社会颠覆力量

创客们的创新活动早已引起了一些大企业的兴趣。例如，富士康曾在2014年建立了一个专门为创客服务的工厂，这些工厂可以根据创客们的要求生产小批量的个性化产品。而为了吸引优秀的创客，联想集团更是于2013年起便开始举办全国范围的创客大赛，希望通过这种比赛的形式找到优秀的创客，并尽可能吸纳优秀的人才进入联想，为未来发展服务。在第一届创客大赛中，就有5万余名创客报名参与，总计参赛作品达10万件以上。

尽管同大型企业相比，创客们缺乏资金、资源、渠道、人脉等，但他们仍然保有着自己独到的优势。创客运动能够保持小型化与全球化并存的能力，既有匠人们精雕细琢、追求极致的"原始精神"，又具备时代创新性，能够以极低成本开展一系列不同程度的技术及产品革新。

正是由于创客运动潜藏着如此巨大的创新能量，因此不仅引来了诸多企业的关注，国家层面上也越来越重视这一"民间创新力量"。政府非常看好创客运动能够给国家带来的帮助，依赖创新能够超越传统工业给国内发展、出口和政府支出带来经济上的强大动力。

2015年1月，李克强总理亲自来到广州、深圳等地，实地考察创客运动的开展状况以及创客们的工作方式。李克强总理表示，要促进生产要素更多地向有前景的新产品、新技术、新业态、新模式聚集，让更多创客能够自由创业，使千千万万小微企业能够成长壮大、活力迸发。

而就在同年1月底，李克强总理在主持召开国务院常务会议中，正式提出在创客空间、创新工厂等孵化模式的基础上，大力发展市场化、专业化、集成化、网络化的"众创空间"，实现创新与创业、线上与线下、孵化与投资相结合，为小微创新企业成长和个人创业提供低成本、便捷化、全要素的开放式综合服务平台。

中科院深圳先进技术研究院创客学院院长薛静萍表示，中国正处于从模仿到原创的转变进程中，创客们借助互联网新工具，实现了产品自主研发和制造的全过程，这将会使越来越多的创意产品问世，也将不断引领"中国制造"到"中国创造"的重大转变。

中国是世界人口第一大国，不应该让人口成为国家的负担，而是应该让人口成为国家发展的动力。通过推动创客运动在普通公众之间的普及和发展，最大限度地挖掘民间创新力量，并不断支持和引导普通民众从创新到创业的行为转变，将有效地推进"大众创业，万众创新"这一重大国家战略的落地实现。

2.创客运动与新工业革命

在近现代发生的三次工业革命,成为了技术革新与社会进步的重大起点,而随着"互联网+"的持续升温,第四次工业革命也在不断酝酿之中。在新的工业革命中,移动互联网、大数据、云计算、物联网等互联网2.0技术将与传统制造业更深入地融合,对工业化进行再工业化,并最终实现工业智能化。而在新工业革命的开展过程中,创客将成为一支生力军,创客运动将成为一股强大动力。

在中国创客浪潮中,许多保有远大梦想的创客们都看到了智能设备和物联网时代的兴起,这不仅是属于个人的机会,同时也是属于整个国家的机会,它将会推动"中国代工"向"中国设计"转变,使我国自主设计的产品能够走出国门,并赢得全世界的认同和追捧。

长期以来,中国"世界工厂"的地位,既成为了经济发展的一个重要源泉,但也极大地扼杀了我国的创新能力。但是随着创客运动的兴起,以及创客运动与制造业发展的结合,中国制造业的创新能力将会被重新唤起。贝塔斯曼集团风险投资部主任龙宇(Annabelle Long)发言称:"未来中国将会成为最先进的研发中心,在这里能够实现最新硬件与最新软件的融合,这里将会是真正的'世界工厂'。"

贝塔斯曼基金曾投资了一个名叫Zepp Labs的创客公司，该公司是由微软公司中国工程部门博士韩铮（Robin Han）创建的，其生产的运动传感器能够通过橡胶套绑定在棒球棒、高尔夫球棒、网球拍等器材的底端，进而跟踪许多运动数据，比如球棒的摆动速度和弧度等。这些数据能够帮助球员及教练更加科学准确地调整技术、改善动作。

Zepp Labs在中国和硅谷都设立了办事处，这个仅有20位正式员工的小型创业公司，早在2013年就筹集了2000万美元创业资金，大约有15万用户直接或间接地使用了他们的产品。

在国内不断蔓延的创客运动正在从多方面推动着"中国式创新"，并开始潜移默化地影响着国内制造业的未来发展。

中国台湾的富士康，长期以来主要为苹果、索尼等世界知名企业提供代工制造服务，而随着创客运动的兴起，其也开始为一些国内厂商生产产品。富士康建立了一个名为Kick2real的平台，该平台能够为创客们提供可穿戴设备和移动配件的装配服务。此外，Kick2real还能为创客的新产品提供专家意见，在项目方案最终确定并签订协议后，富士康将对创意项目进行投产。

除了富士康、海尔、联想等大型制造商积极地对接创客运动外，一些初创企业也在国内掀起了一系列创新热潮。

于2011年创建的土曼百达科技技术有限公司（Tomoon Technology），

曾于2014年宣布生产一款智能手表，该智能手表拥有一个铝制的表带，并使用了能够增加电池寿命的电子墨水屏幕。

尽管该项目发布时间刚好同三星宣布Galaxy可穿戴设备计划重合，但相较于三星智能手表在国内高达2499元的定价，土曼智能手表仅499元的定价还是吸引了许多消费者。土曼百达的广告在社交媒体上疯狂传播，仅24小时就总计获得了2.8万余份产品订单。然而这庞大的订单也超出了土曼百达的承受能力，因为在当时，该公司总共仅拥有30多名员工。

据土曼百达的创始人汪伟透露："有很多订单都流失了，在总计7万余份订单中，大约只有十分之一的用户完成了最终的支付过程，而其中，还有1000位左右的用户没能按时拿到成品。"不过，汪伟同时还表示，"公司正在吸取经验教训研发第二款智能手表，新的手表将能够监测佩戴者的健康指标，并采取相应的措施来提醒用户站起来走走而不要坐太久。我确信，在创新领域，我们绝对可以超越那些国际大型企业。"

尽管在产品生产规模和市场运作能力上，由创客们创建的小型初创企业难以同国际大型企业相比，但是这些企业拥有着不断创新的追求和快速捕捉市场需求的敏捷性，而这正是未来制造业发展不可或缺的一部分。

上海新车间的李大维就创客与技术发展的关系发言称："其实，技术的应用和普及远比技术创新本身对经济发展的影响要大，而创客正是将技术带向更广阔应用市场的重要'推手'。"

创客运动实质上就是在汇聚草根的力量，通过创客文化或创客平台，将普通民众的智慧聚集起来。创客们擅长敏感地捕捉市场需求，并以创意对接需求，将创意转变为现实。在互联网时代，人们的个性化需求越来越凸显，这也要求着我国制造业急需向以销定产、小批量、创意为先的C2B模式转移。如今，越来越多的制造型企业开始尝试以C2B模式去精准对接市场需求，在不远的将来，随着创客运动的蓬勃发展，制造业从规模化转向定制化的新型模式也将不断成熟起来。

创客运动正在助推新一轮工业革命，而其影响的也不仅仅是制造业，教育、建筑、艺术、服装等领域都将产生深刻的影响。同济大学艺术与传播学院教授、院长助理孙效华介绍创客与建筑设计时说："建筑设计专业的学生面临的最大难题并不是创意，而是这些创意要用什么样的材料和技术变为现实。"而创客的核心强调的正是实现，是让善于用"左脑"的人才也能善于用"右脑"，让搞艺术的学生也不再"发怵"用技术、做编程等。

我国的产业并不缺乏创意，真正缺失的是创意落地的产业化和工程化能力。而创客运动则有望成为一块重要拼图，改变国内工程化、系统化创新能力缺失的现状。创客们能够运用成熟工具把创意变成现实，这种组合创新的精髓对于推动国内的综合创新能力，带动新工业革命的进程无疑将大有裨益。

3.创客运动和商业未来

创客运动正在成长为一股重要的新工业革命的推动力量，而其所带来的影响不只局限于工业领域，整个商业世界的未来状态，都可能随着创客运动的发展而发生显著的变化。

《长尾》和《免费》的作者克里斯·安德森在从《连线》杂志辞职后，也选择了投入创客运动中，创办了一家名为3D Robotics的硬件产品公司。安德森在采访中表示："创客运动就是人们用数字化工具在线制造可以触摸的、实实在在的产品。创客运动会把对创造的参与精神和开源精神普及到大众中，继而引领一场商业革命，创客运动将成为互联网新一代改造真实世界的过程。"

克里斯·安德森所提出的开放式创新文化以及未来的协作模式，可能会使未来公司的组织形态、运作形态都发生重大的变化。创客运动，将会从三个层面对商业世界产生改变。

（1）创客运动是互联网新势力对商业世界的改造

互联网具备天然的"民主性"，能够让互联网世界中的每一位用户都具备创造和传播的能力，降低创新的门槛。而当这种源于互联网的创新力量融入到现实生活中，创客运动也就油然而生并带来一系列线下的商业革命。

创客运动为线下的商业世界革命奠定了基础，例如3D打印技术，该技术的普及能够带来更为极致的个性化生产和更为巨大的长尾市场。未来，人们参与产品的制造可能就如同去超市里买牙刷一样普遍，创客也不再只是少数人的兴趣爱好。

正如同互联网的免费文化和免费模式在一定程度上刺激了盗版的泛滥，创客运动中的开源精神也时刻伴随着"山寨"产品的威胁。不过，克里斯·安德森认为，开源可能会让一个公司损失掉一款产品，但却可以建立起一个更为庞大、更为完善的产品生态体系，这种生态系统层面的竞争是符合未来竞争趋势的。"未来的优秀公司不仅仅会拥有技术、工程、营销、全球化，还会进一步拥抱开放平台。"

在谈到创客运动中的开源精神所带来的山寨问题时，安德森进一步阐述道："如果你的公司死于山寨，那么只能证明你做事情的方式错了。出现山寨产品对于公司而言也许并不愉快，但对于整个商业世界的发展却往往能起到积极作用。"在安德森看来，山寨本身也是开源文化的一部分。安德森同时也强调，每一次产业革命的发生，并不只是在于某项发明创造的产生，而是在于谁在使用这项技术发明，只有当创客运动真正普及到民众之中去，才能真正带动一场全新的商业变革。

（2）公司这一组织形式的高效作用将趋于消失

公司之所以能够成为继国家和家庭之外，人类社会中第三重要的组织形式，是因为其通过一系列机制缩小了沟通、交易的成本，让许多人能够高效灵活地共同完成一项目标。不过，随着互联网工具的普及和创客运动的深入发展，人们在未来可能并不需要真正地加入一家公司也同样可以高效地完成目标，甚至比公司这一组织形态的效率更高。

安德森以自己创建的3D Robotics的工作模式说明了传统的公司形式在未来商业世界中并非必要条件。

最初，安德森只是希望制作一个能够与女儿一同玩耍的遥控飞机，但在利用开源社区的资源时，他却一步步挖掘出了自己的兴趣，结识了众多志同道合的伙伴，并最终成为了一家飞行器制造公司的CEO。在谈到公司的其他成员时，安德森说道："那些人不是我的'员工'，我并不能随时与他们取得联系。但就是因为我们拥有共同的梦想，每一个人都可以贡献时间和智慧，同样做到了过去只有公司才能完成的事。"

在未来，比起身份和金钱，人们会优先选择感兴趣的事并从中获取快乐，这也将引导一部分人不再选择成为公司的一员，而是成为创客组织的一员。

（3）商业中的雇佣关系将被社区和志愿者体系所取代

传统的商业世界中，雇佣关系是最基础的关系之一。公司首先招聘员工，然后考察他是否合格并决定是否雇佣他，最后通过合同建立起一种受法律认可的劳动关系。但随着越来越多的人为兴趣而工作，这种传统的雇佣关系有可能淡化，社区和志愿者体系可能会取而代之。

在未来的商业世界中，商业主体不会去立刻雇佣一批人，而是先创造一个完整的生态体系，吸引感兴趣的人参与其中，然后再通过跟参与结构对应的奖励层级激励志愿者向员工转变。这种新兴的商业关系不仅有助于公司从全世界获取人才，还能避免人才不对接的风险。

  安德森认为，当创客文化在未来不断普及后，公司将不在乎员工是谁，而是在乎他能够做什么。当一名志愿者人才在社区中不断作出贡献，其地位和作用在社区中不断上升，便能被公司雇佣，甚至获得股权奖励，这可能是一种更符合未来趋势的雇佣方式和商业关系。

  创客运动究竟会为商业世界的未来带来哪些具体改变，现在尚难以断言，但可以确定的是，创客运动必然会改变商业世界的现有形态，让整个商业世界更加开放、更加和谐、更加创新。

第 20 章

关注教育，创客从娃娃抓起

我国有句俗语，叫"再穷不能穷教育"。一个国家的教育体系是提升国民素质、培养创新人才的重要工具。要使创客不断涌现，使创客运动真正成长为一场国民性运动，必须关注前沿教育，通过一套完整的教育体系向每一个年龄层的人灌输创客精神和创客文化，引导更多的人投身于实现创意想法的创客运动中来。

1. 创客教育 = 未来教育模式

创客教育，并非只是整个教育领域的一个分支，只是专门用于培养创客人才的渠道，从本质来看，创客教育代表的可能是一种属于未来的教育新模式。

北京景山学校的创客教育辅导老师吴俊杰在接受记者采访中说："我们都知道创客活动是一种塑造学生系统性思维能力以及动手能力的好方式，能够为学生注入许多缺失的创新实践能力。而面对创客教育的严峻任务，我们不能去等，而是要去做，只有投入行动，才有可能更大范围、更大限度地带来正能量，带来中国创客运动的星火燎原。"

为什么要大力提倡创客教育？为什么说创客教育是代表未来的教育模式？那是因为创客教育的四大特征能够突破现有教育模式的诸多弊端。

（1）回归自然性学习

创客教育，提供的是一种"玩学结合"的学习体验，这是人类最原始、最本源的学习方式。这种学习形式能够将学习动机、学习情境、相关知识点、团队协作、及时反馈等教育元素充分融为一体，学习者能够激情满满地去寻找问题、发现问题和解决问题，不断提升自己的创新技能。

在传统的教育模式下，学习更多地沦为了一种任务，把一定的知识内容按照不同的等级分配给不同年龄段的人学习，学习者完全是被动接受，而且缺乏学习动机和学习情境。学习本应是一种不断探索、不断尝试的过程，但传统的教育模式却将学习任务化，许多学习者认为只要将属于自己年龄段的知识学习完毕即可，不需要再去研究更加复杂的问题，这种放弃主动学习的思维实在是对自然性学习的一种背离。

而创客教育则是将现有的学习内容和过程进行重组，并赋予强烈的目的性和情境性以刺激学习者的学习热情。因为学习者对A感兴趣，所以要首先学习更为基础的B、C、D等等，在拥有了明确的学习动机和学习方向后，学习者能够产生更强烈的学习兴趣，而且更能承受学习过程中失败的打击，以平和的心态完成学习目标。

（2）开启跨界式学习

在斯坦福大学中，有这样一个课程，让学生们自己动手去制作一件东西，比如自行车、银戒指、带花纹的切菜板等等。对于许多学习工业设计的学生来说，可能觉得这个课程很正常，但对许多其他专业的学生来说，则可能觉得这是一个有趣、有挑战性的课程。生活中处处都存在学习机会，自行车、银戒指、切菜板这些生活中习以为常的事物，如果让你亲手从零制作，你会发现其过程并不简单，要选用哪些材料、选择哪些工具，如何用工具对材料进行加工等，都是一种学习的过程。

在传统的教育模式下，在年龄的增长和"正规"教育的影响下，学习者的好奇心会被不断消磨，其选择的学习范围也会越来越小，这种缺乏更多尝试的学习方式并不是一种好的选择。学习者应该始终保持无尽的好奇心，在不同领域多学习、多尝试。

（3）学习工具的从属属性

在美国德州奥斯丁举办的SXSW教育大会上，创客教育占据了很大比重。在大会上，展出了一些辅助老师教学的工具，这些工具的共同特点都是以老师为主，涉及到动手和制作。在美国的一些著名高校中，结合科技手段的创意教学也越来越受到重视。

罗德岛设计学院的创新设计论中曾有这样一段评论："生活在不同时代的人类所需要的技能是不一样的，当前时代对科技的需求也是前所未有的。不过，在教育领域中，科技只是一种教学工具，我们需要做到的是如何用它们去辅助人，而不是被它们所主宰。"在教育领域中，我们不能根据学习工具的变动而变更学习内容和学习方式，工具始终是工具，只有先明确学习模式，才能更好地发挥学习工具的作用。

（4）学习与现实对接

创客教育能够更好地引导连接式学习的发展，从而将学习与现实更好地对接。所谓的连接式学习，就是将个人兴趣通过一些现实中的平台、资源等加以延续发展，从而成为自己的职业或事业，收获成功。比如一个人酷爱写作，他选择加入了一个互动性的在线小说平台，通过和平台内部的高手们不断切磋学习，他的写作能力不断提高，最终成为了一名优秀的独立作家。

传统教育下学习者对于学习内容没有选择性，在大学以前，所有学习者都在学习同样的内容，无论自己是否感兴趣，这些知识内容是否实用都是如此。但随着互联网提供了大范围、多种类的信息渠道，任何一位学习者都有机会通过网络接触到各行各业中的高手们，向他们直接学习，这能够帮助学习者建立兴趣与学习的连接，通过学习打开现实世界的窗口。

第 20 章　关注教育，创客从娃娃抓起

未来的教育，必须立足于人和现实世界，这样才更有助于学习者发现自己的梦想、实现自己的梦想。传统的教育模式必须作出变革，而创客教育，可能就是一个可供参考的变革方向。

2.从微课、慕课和翻转课堂看创客教育

同人类社会的技术发展史和经济发展史一样，教育发展史也已经经历了数次大规模的变迁。从古至今，人类社会总共经历了三次重大的教育变革，每一次社会形态的转变和发展，都带动了教育模式的转变和发展。

第一次教育革命发生在原始社会向农业社会的过渡期，其标志是文字和学习的出现。文字是人类用于书写、记录、信息交流的重要工具，学习则是进行集中化、专门化教育的场所。在第一次教育革命后，教育才真正成为了有组织、有计划、有专职人员的社会活动。

第二次教育革命发生在农业社会，其标志是造纸术和印刷术的发明。中国古代四大发明中的两项内容，造纸术和印刷术使得书籍的印刷出版成为可能，这也进一步带动了知识传播的速度和范围。

第三次教育革命发生在农业社会向工业社会的过渡期，其标志是班级授课制的出现。1632年，捷克教育学家夸美纽斯出版了《大教学论》，首次提出了系统化的班级授课制理论，按学生的年龄和受教育程度编成固定的班级，以班为单位开展教学活动。这不仅有助于提高教学效率，也保证了知识传授的系统性和连续性。

而在当下，我们正见证着第四次教育革命的发展，以计算机和互联网

为代表的信息技术正在引发新一轮变革：教学对象由"数字移民"变为了"数字原住民"，教学环境由线下转移到了线上，教育资源由纸质的书本教材转变为了形式更为丰富的在线资源。

第四次教育革命尚处在不断的演化中，没有形成一种固定的模式，但微课、慕课和翻转课堂等全新教育模式的出现，都展示了第四次教育革命的发展特征与方向。

微课，是一种短小精悍的在线教学视频，这种教育形式能够满足学习者的个性化学习需求，让学习者能够以自己的步调随时查漏补缺或是巩固强化学习，从而对传统的课堂学习进行补充。

慕课，是大规模在线开放课程的简称，这种教育形式有助于进行优质教育资源的广范围共享，从而促进公平化教育体系和学习型社会的交流，同时也有利于国家化和信息化教育生态体系的形成。

翻转课堂，是在信息化环境下，教师提供以教学视频为主的学习资源，学生在上课前通过视频完成对相应知识点的观看和学习，而在课堂上则同老师一起完成作业答疑、协作探究和互动交流等活动。

如果说微课是新式教育的教学资源，慕课是新式教育的教学平台，翻转课堂是新式教育的教学思维模式，那么新式教育最终的目标就是培养创客，引导创客教育的兴起。

在2012年，美国政府就提出了一项创客教育计划：用四年时间在1000所中小学内部引入创客空间并配备相应的开源工具、3D打印机、激光切割机等常用工具，让越来越多的学生能够接触到创客所需的工具、空间和导师。而我国的创客教育虽然起步稍晚，但也已经取得了一些显著的成果。

人人可以做创客 RENREN KEYI ZUO CHUANGKE

2014年11月29日,清华大学举办了"清华创客日"活动,并提出将每年11月的最后一个周六定为"清华创客日"。2015年4月24日,由清华众创空间i.Center牵头,全国60余所高校和10余家企业共同发起成立了创客教育基地联盟。

2015年5月18日,由中国教育报发起,北京景山学校、北师大附属实验中学等全国35所学校作为创始学校的中国青少年创客教育联盟在温州实验中学举办了成立大会。联盟提出将致力于服务创客教育,推广创客文化。

创客教育,强调的是行动、分享和合作,注重的是教育与新科技手段的结合,进而逐渐发展为跨学科、跨领域的创新能力培养渠道。在创客教育中,学习者不仅仅是知识的"消费者",他们同样是知识的创造者和贡献者。创客运动正在酝酿一种全新的、更符合时代思潮的教育文化,鼓励学生积极参与到对现实世界中的问题探索和提供创造性解决方案的过程中。

微课、慕课、翻转课堂以及创客教育,都是第四次教育革命过程中的全新理念和模式。以教室、教材、教师为中心的传统教育模式将逐步转变为以学生、问题、活动为中心的能力培养模式,这种全新的教育理念和教学模式将有助于更多优秀创客的涌现,也将成为第四次教育革命的核心内容和目标。

3.创客大赛，以竞技带动进步

在传统的教育模式中，通过考试的形式能够有效地给予学习者学习的动力，不断地提升自己的学习水平。而在创客教育中，同样可以通过举办比赛的形式，以创客们之间的竞争来带动进步。

2015年5月27日，由工业和信息化部指导、工业和信息化部信息中心主办、上海梦创软件科技有限公司和道和环境与发展研究所协办的"创客中国"大赛在上海成功举办。大赛共分为创客组和企业组，每组分设一等奖1名，二等奖2名，三等奖3名，鼓励奖若干名。大赛于4月开始启动，得到了全国范围内创客空间、独立创客和小微企业的积极响应，截至5月26日总计收到参赛作品近200件，涉及智能机器人、智能家居、可穿戴设备、3D打印、汽车电子等多个领域。

无论是创客组还是企业组，凡是最终的获奖作品，均具有很强的创新型、实用性和较高的含金量。比如来自南京创客空间的车道偏离预警系统，来自广东嘉腾自动化有限公司和广东顺德潜龙工业设计有限公司的无人物流先行者"大黄蜂AGV机器人"，不仅创意优秀，而且具备实现商业化的重大价值。

人人可以做创客 RENREN KEYI ZUO CHUANGKE

工业和信息化部中小企业司副司长许科敏对"创客中国"大赛给予了充分肯定，他认为，通过举办赛事更有利于草根创新创业的发展环境，凝聚创新资源服务中小企业的转型升级。而工业和信息化部信息中心主任孙蔚敏则表示，在"创客中国"大赛中的许多作品设计堪称智能产品领域的开创性创意，在创客中国平台和社会资源的支持下，有望迅速转化为智能制造，成为新常态下创新驱动的新范例。

除了"创客中国"大赛这一规模较大的创客比赛外，许多地区或企业也都推出了一系列创客比赛，助推创客教育和创客运动的蓬勃发展。

在上海市普陀区的70余所中小学中，通过举办各种各样的赛事培养出了越来越多的"小创客"，有的学校甚至还建立了"小创客集团军"。以新普陀小学为例，通过积极创设空间和搭建舞台，一批批创意少年的创意梦想得以实现，该校学生队伍先后荣获第32、33届世界头脑奥林匹克赛结构项目冠军，第34届世界头脑奥林匹克赛装置项目亚军，第36届世界奥林匹克赛结构项目季军等世界级荣誉。同时，新普陀小学还打造了普陀区创新实验项目区域共享课程，通过资源共享辐射周边学校。

举办创客大赛，是对当前创客教育模式的一种很好的补充和刺激。但同时也需要注意，创客教育不能唯竞技是瞻，不要以名次和获奖简单地将创客的创意项目区分优劣，这样反而会打击创客们的热情。举办创客大赛的根本目的是为广大创客提供一个展示创意的空间，提供一个切磋交流的平台，而不是一定要分出个高下。只要是优秀的创意，都应当赢得认同和赞许。

第 21 章

创客社区，全民参与的创新网络

互联网的普及发展带动了虚拟化社区的生活方式和工作方式，从而使人们能够随时基于一项具体的目标寻找团队成员、组建团队。而在以协同和分享作为重要行动方式的创客运动中，组建一个共同的社区更是至关重要。为了使创客运动真正成为一场全民化的运动，必须通过创客社区将每一个抱有创新梦想的人连接起来，形成一个全民参与的社会化创新网络。

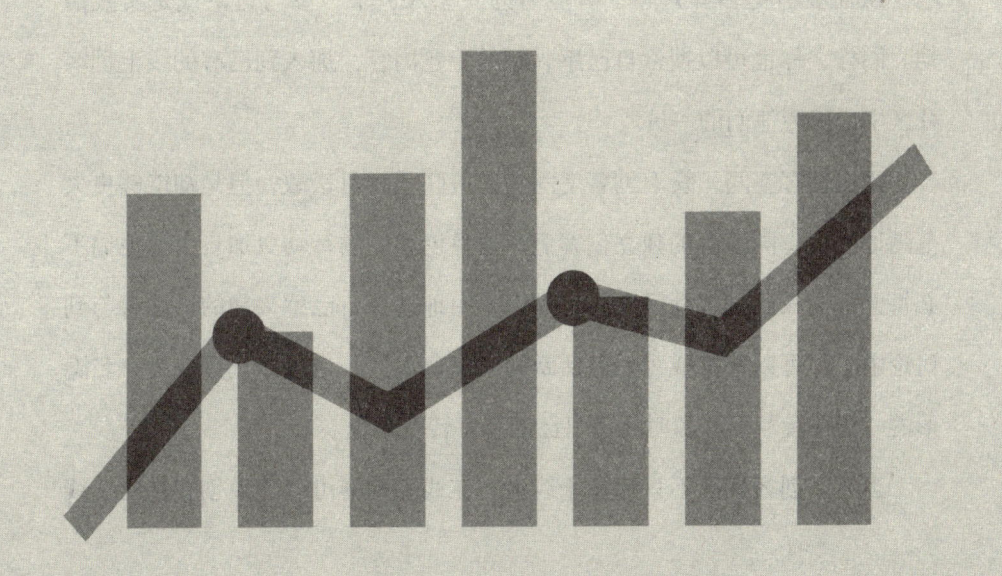

1.创客们的"小社会"

越来越多的创客空间和创意园区，为创客运动的发展提供了有利的客观条件。然而，并非每一位创客都有条件、有意愿加入到这些属于创意者的组织中，在创客空间和创意园区之外，创客们过于分散，难以集中起来形成一股强大的创新力量。

不过，在互联网时代下，人们并不缺相互沟通交流的渠道，各类线上社区也为广大独立创客们建立紧密联系提供了借鉴。只要你有一个明确的想法或兴趣，那么就完全可以以此为主题创建一个QQ群、微信群或是贴吧，从而吸引更多有兴趣、有能力的人加入进来，参与讨论或是实践活动。同样，你也可以搜索自己感兴趣的专题内容，加入到已有的线上创客社区中，成为他们的一员。

相比创客空间，线上创客空间的成员联系相对松散，但是却能够更大范围地吸引志同道合的独立创客们，而且创客们的行动更加自由，他们不必每天都进入到创客社区中，也可以自由地选择自己感兴趣的话题参与到讨论中。你可以选择成为一名活跃的"发言人"，也可以选择成为一名隐形的"居住者"，并随时凭借自己的喜好转变角色。

当然，创客社区不只存在于线上，在线下同样可以建设创客社区。线下的创客社区，类似于青年公寓和创客空间的混合体，按照更有针对性的条件筛选"住户"，集合特定的人群，让整个公寓成为聚集创意人才的小圈子和新型社区。线下的创客社区与线上的创客社区完全不同，如果说线上创客社区的联系紧密度要低于创客空间，那么线下创客社区的联系紧密度则要高于创客空间。创客们不仅形成了一个共同工作的圈子，甚至还形成了一个共同生活的圈子。

位于广州市海珠区的you+创客社区，可谓是线下创客社区的先行者。2012年，you+创客社区创始人刘洋将曾经的牙膏厂厂房改造成为了供玩转创意的人们居住的青年公寓。从首批入住的"骨灰级"住户开始，经历了数年时间，社区吸引了一大批有创意、有兴趣的创客青年，形成了一个属于创客们的线下"熟人社会"。

you+创客社区不仅提供居住功能，同时还兼具创业孵化基地的作用，整个团队可以随时在社区一楼的公共空间内开启一场头脑风暴或是朋友聚会。据创始人刘洋介绍，在未来，you+项目还将在北京、上海、深圳等城市逐步落地，为广大的年轻创客们提供租金低廉的办公及居住空间。此外，他们还将邀请成功的创业者前来宣讲授课、传授经验，以及引入风险投资，帮助创客社区的创业项目实现更好的发展。

无论是线上的创客社区还是线下的创客社区，都是以不同的形式为广大创客们提供一个相互交流创意甚至共同生活的空间，从而形成一个属于志同道合创客们的"小社会"，以共通或相似的思维方式、行为方式、工作方式乃至生活方式更好地开展协作，不断激发并实现创意梦想。

2.从兴趣社区到实践社区

创客社区，通常是以兴趣为基点形成并发展壮大的。所以，创客社区首先是一个兴趣社区。拥有共同的兴趣的群体，更容易形成统一的价值观和共同的奋斗目标，只有拥有相同或相似的兴趣，才能将原本有交集或无交集的人们集结在一起，共同实现创意或是共同生活居住。

虽然共同的兴趣在创客社区建立初期起到着关键性的聚合作用，但要使创客社区能够长期地维持和发展，不断成长壮大，仅凭兴趣是不够的。创客社区的所有成员，都必须在兴趣的基础上投入实践，想出好的创意并去实现，让兴趣社区成长为一个实践社区，才能让创客社区具备和展示更大的价值。

创客们是一群喜好玩耍的人，但是这种"玩"并非是漫无目的地消磨时间，他们是以兴趣为基础，不断想出和兴趣相关的好玩创意，然后再通过实现创意去获得成就感，或是给其他具有相同兴趣的人提供便利或乐趣。所以，仅仅拥有狂热的兴趣或是美妙的创意，无法称得上是一个完整的创客社区，创客社区中的所有"住民"，都必须亲自动手"做些什么"。

要使创客社区顺利地从一个兴趣社区转变为实践社区，首先要确定一个绝大部分"社区居民"认可并愿意为之奋斗的目标。比如，某个创客社区的成员普遍对可穿戴设备抱有强烈的兴趣，那么社区的领导者或负责人就可以提议大家共同制作一个智能手表，并共同讨论这款智能手表应该具备怎样的外形、怎样的功能等，大家共同确定产品方案后便立刻投入行动，制作设计图、搜集原材料、确定分工、制定计划进程。有了明确的目标和计划，拥有相同兴趣的成员们才能开展统一的实践行动。

其次，在实践的过程中，创客社区应当制定一个全员共同遵守的行动规则。虽然在创客社区中强调自由的氛围，但是一旦投入到具体的实践活动中，还是需要有一个明确的规则来引导、约束全体成员的行动，如果每个人都完全按照自己的步调或习惯开展创意工作，那么就难以取得进展，也会给团队气氛埋下不稳定因素。比如，有些人习惯白天开展工作，有些人习惯在夜间开展工作，但如果有一个环节需要两个人共同探讨，那么具体工作就难以配合开展。所以，对于实践的时间、环境、方式等基本的事项，还是应当制定一个全员都能认可与接受的"简易规则"，让整个实践活动不至于以一种完全无序的状态开展。

最后，当一项实践项目完成后，应当引导更多实践活动的开展，让实践社区能够以一种良性循环的状态持续下去。比如，对于有商业价值的创意项目，可以组织有创业意向的成员组建创业团队，进行产品的包装、小批量生产、市场投放等工作。而对于一些并不具备显著商业价值的创意项目，则可以开展项目会议，回顾在实践过程中有哪些地方做得好、哪些地方做得不好，项目本身有哪些可以改善的空间，就此提出项目改进方案或是全新的项目方案。

创客社区，应当是一个兴趣与实践兼顾的社区。只有兴趣没有实践，创客们的价值就无法彰显，整个创客社区也会陷入一种"碌碌无为"的状态；而只有实践没有兴趣，社区成员们就难以形成一种开放的、专注的文化氛围，一旦在实践过程中遇到分歧或挫折，很快便会分崩离析。所以，以兴趣为基础聚合成员，创建创客社区，再以实践为创客社区注入活力与价值，是创客社区的一种良性发展态势。

3.打造创客社区服务链

创客社区的建设和成长,不能仅仅依赖于创客自身的能力和资源,政府和大企业也应当肩负起一定的责任,从政策、资源、渠道等方面给予创客社区一定的支持,扫平创客社区发展过程中难以逾越的障碍。

创客社区面临的第一大难题,就是身份的合法性问题。创客社区不具备公司属性,完全是一种自发形成的非正式组织,因而在政策和法律层面有许多不便之处。比如在创客社区的宣传方面,由于没有合法性身份,创客社区在和企业或投资者洽谈合作事宜时有许多麻烦,即便对方想出资赞助也没办法,由于社区缺乏正规的身份证明,企业或投资者难以直接投入资金或资源支持。

一些创客社区的领导人或责任人希望将社区注册成为社会组织,但是流程极为烦琐,许多门槛性问题也难以满足。例如,在深圳市想注册一个社会组织需要50个以上深圳本地的暂住证或居住证,而创客社区的成员们可能来自五湖四海,并不具备足够的证件,也就难以完成社会组织的注册。

即便能够成功注册为社会组织,也会带来其他的相关问题。一旦成为一个正式的社会组织,可能就会派生出财务、维护等一系列必要工作,这会给创客社区增加许多不必要的工作,本来社区是一个没有负担、可以开心"玩乐"的场所，一旦正式化反而会带来一些不利影响。

还有一些创客社区的领导者和负责人担心，一旦创客社区成为了正式的社会组织，许多规则、约束也会随之而来，这可能会扼杀社区成员们的创造力和激情。社区强大的生命力就在于所有成员"想来就来，想走就走"，如果附加了许多限制，就会损害成员们的乐趣，不容易产生凝聚力。社区是介于人和法人之间的一种形式，如果真的演变为法人组织，可能就失去了社区的味道，当有了公司法或其他法律法规来约束社区时，社区可能也就不再只是单纯的社区了。成立社区的本意是为广大创客提供一个平台，如果赋予了法人属性，甚至拥有了盈利模式后，同公司就没有太大差别了，可能做着做着就成为了一家公司，而失去了社区应有的功效。

但无论如何，拥有一个合法的身份对于创客社区的健康发展都是有益的。政府相关部门应当考虑专门为创客组织制定一套具备针对性的制度规则，降低创客社区的注册门槛，简化创客社区的注册流程，并使其在具备合法身份的前提下就可能保持自由化氛围。

除了等待政府部门订立规章制度外，创客社区也可以参考其他非正式组织的发展模式。比如，创客社区可以挂靠到其他正规组织下面，在保持第三方中立性、自由化的同时，使整个社区拥有一个明确的身份。在国内有许多产业联盟，其实都是通过挂靠的方式存续和发展的，这些产业联盟也多是非法人机构，无法正式注册，而通过挂靠组织，并成立联盟理事会，便能够实现持续运营。

创客社区除了解决身份问题外，还需要解决运营发展所需的资金资源问题。由于创客社区难以获得融资，也没有明确的盈利模式，因此许多创客社区都是由个人出资建设的，场地、设备、工具等，都是需要资金维持或购买的。当然，创客社区也可以盈利，但正如上文所述，如果创客社区以盈利为主导，和公司就没有太大差异，就失去了自己的"社区性"。因此，创客社区的持续运营发展，还是需要外界的大力支持。

对于创客社区这样一个不以营利为主导的非公益性组织来说，政府很难提供直接的财政支持，但是政府可以通过自身庞大的信息网和交涉能力，为创客社区寻找租金低廉的厂房、公寓等场所，降低创客社区创建的难度和负担。而对于一些有能力、有资源的大企业，也可以通过灵活的方式投资创客社区，为其打开方便之门。比如，有闲置厂房的企业可以以租金投资，免除创客社区的租金，同时拥有创客社区的一部分股权，一旦创客社区制作出了商业化项目，便可以分享项目回报。

创客社区作为一种低门槛、高自由度的创客组织形式，对于全民化创客运动的推动能够起到重要作用。不过在现阶段，创客社区的发展举步维艰，运营状况较为良好的创客社区也屈指可数。创客社区的进一步普及和发展，不仅需要社区中的创客们自我寻求一条良性发展之路，也需要社会各界予以充分的支持和呵护。

第 22 章

政策开放，来自政府的有力支援

任何一项新事物或新运动，一旦得到了政府政策的支持，便会自然而然地迈向发展的巅峰。而创客运动，正在不断获得政府的大力支持。政府政策的积极导向，不仅为创客运动的进一步发展带来了政策上的利好因素，同时还能够引导更多的社会资源和人才涌向创客运动之中，推动创客运动的蓬勃发展。

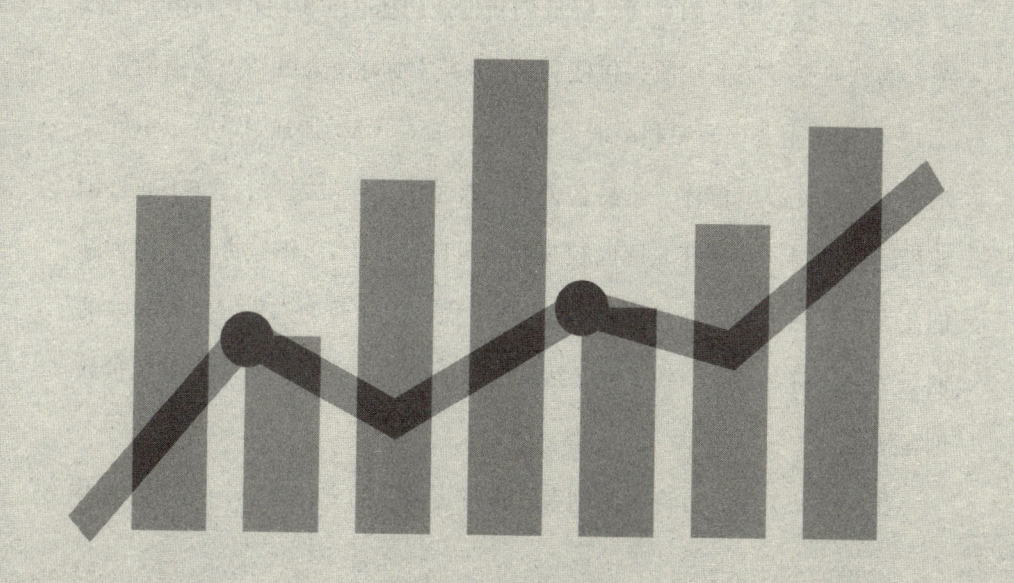

人人可以做创客 RENREN KEYI ZUO CHUANGKE

1.创客运动需要政府支持和造势

在国内创客运动发展初期,民间的广大创客们大多是进行一场"孤独之旅",但随着政府部门加大了对创客及创客空间的扶持力度,越来越多的草根创客们开始形成合力,并拥有了实现创意梦想的资金和资源。

在国务院办公厅颁布的《关于发展众创空间推进大众创新创业的指导意见》中,全面部署了推进大众创业、万众创新的相关工作,是创客被写入政府工作报告后出台的第一个政策红利。

《意见》的主要内容和精神如下:(1)构建一批低成本、便利化、全要素、开放式的众创空间,降低创新创业门槛;(2)深化商事制度改革,为创业企业工商注册提供便利;(3)鼓励科技人员和大学生创业;(4)对小微企业核心专利申请予以优先审查;(5)加强财政资金引导,培育发展天使投资群体,支持初创期科技型中小企业发展;(6)完善创业投融资机制,开展互联网股权众筹融资试点;(7)继续办好中国创新创业大赛等赛事和创业培训活动;(8)积极倡导敢为人先、宽容失败的创新文化,树立崇尚创新、创业致富的价值导向,大力培育企业家精神和创客文化。

在《意见》中,有许多为创客"量身定做"的支持政策,比如强调要给创新创业者提供良好的社交空间和资源共享空间，照顾创客们的个性文化，帮助创客聚集创新思维等。再比如，积极倡导敢为人先、宽容失败的创新文化，努力培育和发展天使投资群体等。以上这些，都是创客运动中不可或缺的支持力量。

《意见》强调，各地区、各部门都要高度重视推进大众创新创业工作，积极落实促进创新创业的各项政策措施，切实加大资金投入、政策支持和条件保障力度，在有条件的地区开展创业示范工程，鼓励各地积极探索新机制、新政策，营造良好创新创业环境。

一个运转良好的社会化创新体系，必须通过个体、市场、社会与政府共同发力才能得以实现。在大力支持创客运动工作中，中央政府下达了明确的精神指示，而地方政府则要不断加大执行力度。在对创客的政策及资金资源支持上，地方政府需要做的，是默默地为创客们"添砖加瓦"，在保证创客们创新自由度的同时，给予他们必要的政策和资金支持，为他们搭建开展创意活动的平台，大力降低创新活动成本，激发每一位创客的创新活力。只有这样，政府才算是在创客运动中找对了位置，才能在推动社会化创客运动发展中事半功倍。

据清华大学博士、资深创客于赐龙介绍说："目前国内可统计的创客总人数在3万人以上，在创客运动发展初期多是创客发烧友们自发组织活动，随后便形成了北京、上海、深圳这几大创客主要聚集中心。中国创客因其对创业和就业的推动，得到了政府更多的支持。"

随着政府政策支持力度的加大，许多创客都感受到了政策带来的巨大助力。一方面，创客创业企业的登记手续大幅简化，为工商注册提供便利。同时，对创客空间的房租、宽带网络、公共软件等予以适度补贴，或通过盘活闲置厂房等资源提供成本较低的办公场所。另一方面，基金和财税政策对种子期、初创期科技型中小企业支持力度不断加大，天使投资的发展、互联网股权众筹融资机制也在不断完善。

目前，作为改革先行试点的中关村正在探索工商登记"四证合一"，并认证了一大批集中办公区。每一家公司都未必须要有门牌号，一张桌子也可以成为一家企业的办公场所。

北京、上海、深圳等创客氛围较为浓厚的城市，当地政府也提出了许多更大力度的支持政策。上海市就提出了在"十二五"期间将在全市建设100个面积不低于100平方米、配备DIY实验设备的"社区创新屋"，鼓励普通市民开展创意和创新实践活动。

柴火创客空间的潘昊坦言："创客企业刚开始注册时并没有被归类为高科技企业，因此没有税收优惠，许多其他的优惠政策也不适用于创客。但随着国家对民间创新力量的发现和重视，政策也慢慢有所调整，现在我们去海外参展，许多费用都可以补贴。自2014年下半年开始，科创委开始向柴火创客空间提供直接补贴，将柴火定义为孵化器，给予了专项的资金支持。"

在政策的引导之下，许多企业和风投机构也看到了潜藏在创客运动之下的商机，包括富士康、海尔在内的一些传统制造业巨头，都纷纷涌入创客运动中以寻求合作。国内的创客和创客组织，如今正在迎接最好的时代。

2.李克强总理为创客空间"点赞"

正式提出了"互联网+"、"万众创新"等概念的李克强总理,一直以来都关注着社会创新领域。2015年1月4日,李克强总理亲自到访了深圳市的柴火创客空间,在半个多小时的参观和交流时间内,李克强总理充分了解了创客们的思维和行为模式,并给予了高度赞赏。临走之时,他还愉快地接受了一本"创客护照"——柴火创客空间的第99号荣誉会员。

"创客充分展示了大众创业、万众创新的活力。这种活力和创造,将会成为中国经济未来增长的不熄引擎。"李克强总理如是说。

李克强总理来到柴火创客空间,并非只是走马观花地"视察",他还深入地了解了创客们面临的困难和阻碍,主动为创客们"撑腰"。比如在审阅相关文件时,李克强总理就毫不客气地对当地政府工作人员提出质疑:"你这里写的,创业大学生要享受政策优惠,必须还要申报两个证件,这是怎么回事?我们好不容易推出一个大学生就业创业计划鼓励创业,怎么还要这些附加条件?"李克强总理认为,要创造一个富有活力的、健康的创业型社会,就必须同时打造一个让创业者时时感受到便利的政府,而建立这种认知并非易事,想要真正落实则更加困难。

2015年2月10日,在一场聚集了32个国家的60余位外国专家的座谈会

人人可以做创客 RENREN KEYI ZUO CHUANGKE

上,李克强总理对一位外国学者这样说道:"刚才你提到创客,中国政府支持这个事业的发展。30多年前,中国有很多人在改革开放的政策激励下,淘到了'第一桶金',现在我们正激励大众创造新的'第一桶金'!"

在2015年3月5日召开的十二届全国人大三次会议上,谈到大力调整产业结构,李克强总理在总结回顾中指出:"2014年我国着力培育新的经济增长点,促进服务业加快发展,支持发展移动互联网、集成电路、高端设备制造、新能源汽车等战略性新兴产业,互联网金融异军突起,电子商务、物流快递等新业态快速成长,众多创客脱颖而出,文化创意产业蓬勃发展。"这也是"创客"一词被首次写入政府工作报告中。

一直以来,李克强总理都喜欢将草根创业者和民间创新力量称为"中国式创客",甚至用"经济新引擎"这样带有丰富意义的词汇描述创客们对于国家的重大意义。2014年11月,李克强总理来到被誉为"淘宝第一村"的浙江省青岩刘村,对当地创业者们大加赞赏,称他们的工作是"创造了就业岗位,也创造了新生活"的职业。李克强总理还对当地的创业者们说:"如果有人来违规收费,你就拿国务院文件给他们看!"

增加就业仅仅是支持创客运动发展的第一步,挑战与变革,才是李克强总理希望创客运动为中国社会发展带来的真正动力。在近80篇国务院常务会议的稿件中,"创业"、"创新"这两个词汇的出现次数总和达到325次,几乎与"改革"一词出现的频率相当,李克强总理对于"大众创业,万众创新"的关注程度可见一斑。

3.深圳倾力打造"设计之城"和"创客之都"

2014年12月2日,全球规模最大的专业设计大展——第二届中国(深圳)国际工业设计大展落下帷幕。来自世界各地的数百位设计大师们集结深圳,带来了一场"设计风暴"。在此次展会上,有来自美国、德国、意大利、芬兰、西班牙、日本、韩国等25个国家及地区的百余位知名设计大师携5000余件展品参展,专业观众也突破20万人次,引来了全球设计行业的关注。无论从规模还是档次来看,中国(深圳)国际工业设计大展都俨然成为了全球工业设计的第一盛会。大展为深圳"设计之都"的名片增光添彩,全球顶尖创客齐聚一堂,更是为深圳"创客之城"加薪添火。

"我们崇尚创造,我们信仰创新,我们乐于分享,我们就是我们——我们是创客。"在展会上,全球最知名的创客领袖、开源硬件汽车公司OSVehicle、视点数码等创客企业、设计联盟机构悉数到场,共同发表了《全球创客深圳宣言》。展会中还提到,将共建全球首个授权的FABLAB2.0深圳创新实验室,以本地先进制造携手全球创客,共建属于世界的"创客天堂"。深圳市也表示将全力支持全球创客发展,在每年的6月18日举办国际创客周,建设国际创客空间等,深圳正在举办一场又一场全球创客大Party。

人人可以做创客 RENREN KEYI ZUO CHUANGKE

就在第二届中国（深圳）国际工业设计大展的同一时期，深圳还举行了国际开放创新论坛，全球最大的硬件加速器公司Haxlr8r项目总监和合伙人邓肯·特、意大利QuiShare的核心牵头人和项目负责人西蒙尼·西塞罗、美国未来研究所所长林恩·杰弗里、密歇根大学副教授西尔维娅·林特娜等创客领域的领军人物出席演讲，共同探讨了关于"创客之城"深圳的发展方向。

深圳市工业设计行业协会秘书长封昌红介绍说："深圳已经成为了全球公认的'创客天堂'，具备完整的创客产业链基础和氛围，是国内最具备创客发展的市场环境和软硬件基础条件的城市。"自2013年以来，《经济学人》、福布斯中文网、BBC等国际知名媒体和平台的争相报道，将深圳的创客环境推向了世界舞台，深圳创客们的诸多创意产品，也不断挑动着科技、制造等众多领域的兴奋之情。

深圳市为何要大力提倡和支持创客运动呢？这不仅仅在于国家政策的导向，还在于创客运动的发展，对于深圳自主创新能力的提升也具备重要作用。首先，有利于提升自主创新的文化氛围。创客"勇于创新、乐于分享"的内在精神，同深圳"敢于冒险、崇尚创新、追求成功、宽容失败"的城市精神不谋而合。其次，有利于拓宽自主创新的主体范围。创客的创新模式，大幅降低了创新门槛，创新主体不再只局限于高端科技人才，即便是普通人也可以通过各种创客渠道参与到创新实践中，实现自己的创意梦想。最后，有利于降低创新创业的风险。创客，从某种角度来看可以视为创业前的一种"体验活动"，减少了从理念到原型产品的必要环节，降低了创新的投入成本，使整个创业过程中的风险变得更为可控。

不仅如此，深圳倾力打造"设计之城"和"创客之都"也具备显著的优势条件。深圳是国内创客运动发展最早、最迅速的城市之一，在浓厚的创新创业氛围下，深圳市的创客运动发展可谓是热火朝天。同时，深圳具备完善的电子制造产业链和完备的创新生态体系，这为创客运动的发展提供了肥沃的土壤。如今，深圳已经成为了国内外创客们都热衷于聚集的城市。

而从发展状况来看，深圳市的创客数量、创客组织性及创客活动的活跃度都相当可观。

深圳的创客群体还处在快速的发展壮大过程中，目前，数以千计的独立创客们分布在深圳市的各个角落。在众多的创客中，既有专业技术人员，也有高校的毕业生或在校生；既有以兴趣为主导的"入门级创客"，也有以创业为主导的"创业型创客"。深圳市始终践行着"全民创客、草根创新"的发展理念，引导整个城市创客圈的加速成长。

深圳市当前已粗具规模的创客空间有20余家，其中柴火空间、开放制造空间、创客工场、开源创客坊等在创客领域中具备相当的知名度和影响力。此外，一批专门为创客提供服务的机构也已形成，其中较为知名的有提供开源工具的矽递创客服务站、创客工场科技，提供快速制模打样服务的原型立体建模科技、万物创造、精新精密科技，提供智能硬件专业孵化的Hax等。

关于深圳市举办的创客相关活动，最为知名的有Maker Faire和中国创客大赛。由美国*Make*杂志发起的Maker Faire，是属于全世界创客的盛大聚会，其已经连续在深圳举办了三届，吸引了世界各地500余个独立创客及创客团队参与。而中国创客大赛也已于十六届高交会期间在深圳拉开了帷幕，赛事主题集中在可穿戴设备、智能机器人、智能设备、无人机等领域，大赛组委会还设立了配套的天使基金，在大赛中表现优异的创客团队可获得资金支持。随着创客运动在深圳的进一步普及发展，还会有更多大大小小的创客展会或比赛不断开启。

在深圳市政府、深圳市的独立创客和创客团队以及全球知名创客机构的共同努力下，深圳市的创客环境将会进一步完善，深圳市着力打造"设计之城"和"创客之都"的发展目标也必将实现。

4.政策支持需要关注"草根创客"

政府对创客运动的政策支持让人振奋，但是各地政府在政策执行的过程中，不能只是流于形式，或是只关注一些知名度高、规模大的创客空间，而是要从实事出发，为广大"草根创客"提供支持力量。

（1）引导更多创客组织的建设，强化创客文化氛围

政府的支持政策很难针对每一个独立创客施行，因此最好的方法还是让广大独立创客们找到组织，引导更多创客组织的建成。

在北京市海淀区，以中关村为核心的"一城三街"正在全速建设中：即以海淀上地地区为核心打造中关村软件城，以中关村西区为核心建设创新创业孵化一条街、知识产权与标准化一条街和科技金融一条街。

在广州，越来越多的创客随着政策利好的到来逐渐活跃起来，民间一些创业沙龙、对接会逐渐兴起，营造了全新的创业氛围。

除此之外，在深圳、武汉、杭州等地，创新工场、车库咖啡、创客空间、天使投资等创客及创客支持机构不断落成，形成了特色各异的创业文化。

（2）加强资金注入，让"草根创客"不差钱

自2015年起，广大创客创业者们便接连迎来"政策红包"，国务院常

务会议决定设立总规模达400亿元的国家新兴产业创业投资引导基金，专家还特别指出，该基金将着重突出"引导"及"孵化"功能，通过政府让利、社会资本优先分红、市场化运作等方式，将创业者、技术、产品及市场紧密对接，从而激发中国"创新经济"的活力。

越来越多的创客真切地感受到，通过各种创新金融渠道，融资难、融资贵已经渐渐不再是创客创业的"绊脚石"。"约拍"创始人覃敏在采访中谈道："我只用了15分钟路演就融到了高质量的天使投资，第一轮300万元融资刚刚结束，第二轮投资人便已经找上门了。"

四川成都的一位创客则表示："基本每个月都会有风投机构通过各种途径找到我，也有许多风险投资与我们接洽，创业公司基本能够做到'自给自足'。"

（3）减少规则束缚，降低"草根创客"创业门槛

2014年7月，李克强总理在与新登记企业负责人座谈时强调："该放的放开，该扶的扶好，该管的管住，让千千万万新创企业在公平市场竞争中成长壮大。"

自2014年年初开始，我国的创业规则束缚就在不断削减，比如注册资本从"实缴制"改为"认缴制"，取消最低注册资本限制；年检制变为年报制；"先证后照"变为"先照后证"，等等。多管齐下，国内创业几乎已经实现"零门槛"。

在辽宁、江苏等省份，2014年底开始试行工商营业执照、组织机构代码证、税务登记证"三证合一"，进一步简化审查环节，优化审判流程。据了解，在试点"三证合一"以来，办理速度同过去相比提高了一倍。

据工商总局数据显示，自2014年3月以来，新登记注册企业同比增长

56%以上，广大"草根创客"迎来了创业的"黄金时代"。

作为政府部门，除了对创客在政策、资金、环境等方面进行大力支持外，更关键的还是要做到"放开手脚、收放自如"，最大限度地激发创客的创新潜力。多年来的政府实践工作已经表明，创新不是政府"管"出来的，也不是一味地扶持就能出现的，更不是政府规划出来的。过去政府着重抓技术创新，"既当爹又当妈"，从项目设立到执行一包到底，对创新企业或科研机构不停指挥，创业者和创新机构缺乏主导型意见，盲目跟随政府的步调，最后往往无法取得好的成果。这种流于形式的创新政策扶持，只是一种"面子工程"，政策内容也大多不符合实际工作。

在2015年年初的一次座谈会中，李克强总理表示："政府确实存在错位的问题，管了一些不该管的事。一个新的业态、新的事物发生了，本来可以看一段，甚至培育一段，但我们很快管的手段就上去了，就有可能把这个业态给遏制甚至给扼杀了。"

所以，面对创客运动这一最新潮流，政府部门不能再"重蹈覆辙"，要把握好政策扶持与制度管理的平衡，给予广大"草根创客"强有力的支持之外，还要为他们提供充分的创新空间，让全民创新力量快速、平稳地成长起来。

第 23 章

社会化创客运动落实战略

创客运动同互联网潮流一样，是具备普惠特征的，任何人都可以选择成为创客从而加入到这一新趋势中。而只有当创客运动像互联网一样，在绝大多数人中普及，成为一种常态化的时代潮流，才能真正让创客运动成为推动社会发展进步的决定性力量。为了达成这一目标，需要创客、企业、产业、政府共同携手，以战略角度落实社会化创客运动。

人人可以做创客 RENREN KEYI ZUO CHUANGKE

1.在创客和产业间架起桥梁

政府之所以在不遗余力地推动创客运动的普及和发展，从长远来看，是希望创客运动成为一种不可逆的创新势头，进而带动社会各个产业的创新升级。因此，在创客与产业之间架起桥梁，让创客运动与产业发展齐头并进，是创客运动战略落地的下一个关键任务。

目前，创客运动更多的是处于一种"自发成长"的无序状态，尽管政府在加强园区建设，加大资金投入，但仅凭如此是远远不够的。场地和资金的支持，对于创客运动来说是不可或缺的土壤，但要真正使创客运动这棵"幼苗"能够茁壮成长，还需要推出一系列服务措施悉心呵护。比如，在人才服务方面，要搭建一个完善的人才服务链条。人才服务不能只针对尖端人才、高技术人才，创客可能存在于每一个普通群体中，对于最基层的人才也应当有相应的服务。

在创客之中，既有凭借兴趣、在业余时间中开展创意活动的人，也有以创业为目标、做全职创意活动的人，但无论哪一类创客，实际上离成功创业都有较大的距离。仅凭个人的创新能力，很难同组织化、系统化创新相比，个人化的创新，也很容易被模仿和超越。所以，个人创客们的创新活动，很难成为产业化的基础。

因此，引导个人创客凑到一起，形成一个庞大的创客团队，形成一个完整的创客圈子，是引导创客运动对接产业发展的必要方式。直接去资助个人创客未必能取得好的结果，个人创客受到资源、条件的限制，1000人中出现一个成功者就已经相当不易。所以，更多的方式，是资助产业、引导产业去吸纳创意，引导创客运动的发展方向，通过打造更多的中间平台，让创客了解到自己的创业项目能否与产业需求对接，和产业需求的距离有多远，等等。产生大规模的创新价值，终归还是需要依靠组织行为和社会行为，靠整个产业的力量去带动。一位创客的创意项目可能只能为其带来1万元的收益，但如果实现产业化，带来的可能就是百万元级的价值，这对于整个社会都是有着重大意义的。

更好地引导创客与产业之间的对接，不能只关注北京、上海、深圳等创客氛围较为浓厚的城市，而是应当进一步扩散，带动二线城市乃至三线城市的创客运动发展。但同时，在引导创客运动扩散过程中，不能盲目地模仿一线城市的发展模式，简单地"复制粘贴"。在北京、上海、深圳等城市，互联网高度发展、产业聚集效应明显、创业氛围浓厚，这是其他城市和地区在短时间内很难做到的。所以，每一个城市和地区政府，都应该专注于地方特色、发挥地方优势，引导创客运动走向地方优势产业。

满足创客需求，引导创客运动蓬勃发展，要瞄准三个因素的完善，即资本、空间和服务。其中，资本和空间可以根据创客运动规模的不同、产业规模的不同进行灵活有效的匹配，而服务则是各个地区创客运动发展最独特、最核心的部分，根据地区特色提供针对性的创客与产业发展服务链条，能够避免创客运动与当地产业发展脱节。

中国企业创新研究院执行院长邱仰林表示，近几年来，国内"创客经济"的成长速度非常快。据统计，国内几家创客实体经济的规模在2012年便实现了翻番，2013年更是实现了产值过亿，每年的增长速度都高达200%以上。

不过，在这种热潮之下，必须避免创客运动走向低端化，而是要不断引导创客运动向高端创新发展。创客运动的背后所对接的，是国内众多产业的转型升级，而产业转型升级往往需要新技术的支持，我国的产业核心技术能力较发达国家薄弱，因此需要通过创客运动来推动技术进步。

创客的特征就是高端、专业和精细，优秀创客们的创意作品能够领先于整个时代，具备极高的附加值，也就能带来更大的经济效益。引导创客运动支持产业发展的基本思路，就是要结合市场经济，不断以最新的技术创新推动产业转型升级。

2.打造良性循环的创客产业链

打造良性循环的创客产业链，不仅是创客运动对接产业发展的必由之路，也是商业化创客运动的必然选择。众创空间的商业运营核心就是创业服务，要不断优化和完善先行的创业服务机构业态、运营机制和商业推广模式，推动产业纵深发展。

创客与产业的跨界融合背后，是对创客空间资源整合能力的迫切需求。创客空间的最大意义也正是在于整合各类创新资源，发挥创业服务机构的集聚效应和创新创业规模优势，为广大创客们提供全方位的创新创业服务和创新创业资源，进而形成开放式的创客产业链条。

创客全产业链的打造，意味着要打通整个产业链上从上游的基础研发到下游的市场开拓中的所有环节，并以创业市场需求为导向，最大限度地满足创客实践与产业发展的各种需求，为创客创业者提供创业辅导培训服务、技术咨询服务、人才服务、投融资服务、市场推广服务等。

当然，打造良性循环的创客产业链，不能仅仅依靠独立创客和创客空间，各个产业中的巨头企业主动拥抱创客运动，更加有利于创客产业链的加速完善。

万科、京东、联想都是看似和创客关系不大的行业巨头，都在通过各种方式支持创业运动的发展，引导创客运动推动产业发展，打造全新的创新产业链。

2015年深圳Maker Faire上，万科集团展出了其研发的无人驾驶电动汽车，显示了其与创客共谋发展的决心。现场的工作人员还介绍道，万科正着手举办一场创客大赛，最终入围的创意作品能获得50万元的创意资助，而特别优秀的作品还可以同万科开展合作，成为万科开发楼盘中的智能生活用品。万科集团早于2014年企业年报中就表示，随着创客文化兴起，小微企业创业将成为中国未来经济增长的主要动力，万科也将推动创业产业园的建设。万科在深圳和广州两地打造了万科云城，希望能够将互联网、高科技产业链连接起来，并辅以相应的服务、生活和娱乐设施，万科则进一步扮演创客孵化器的角色，并试图打造创新地产产业链。

另一家地产巨头星河集团，也在深圳创客周期间启动了属于自己的创客空间——星河World创客世界。该创客空间的总面积达到5000平方米，远远超过深圳市其他创客空间，星河集团试图以此打造全国最大的创客全产业链聚集区。

据了解，星河集团打造的创客空间将以"结合产业布局、突出区域特色、吸纳国际资源、推动创新创业"为原则，致力于推动传统制造业转型升级，加快智能高端国际化发展，为广大创客提供更优良的创新创业环境，打造创业基地试点和孵化中心等。

除此之外，为了吸引并整合创客资源，特别是为了引入国际创客和其他创新企业资源，星河集团针对入驻星河World的部分项目推出了"首年免租、第二年租金减半、第三年减免30%租金"的优惠政策，使更多的创意项目能够实现轻装上阵，安稳地度过创业艰难时期。而国内最大的创投机构深圳创新投也会在入驻星河World的项目中寻求优质的创新创业资源，星河集团将与深圳创新投联手推出地产金融模式，以现金、产权或"现金+产权"的方式与入驻企业进行股权置换。

打造良性循环的创客产业链，一方面要给予创客们资金、政策、服务等多方面的支持，加强对创客创意项目的引导，使更多有益于产业发展或实现产业化的创意项目涌现。另一方面，则要引导更多的社会力量投入到创客产业链发展中，敦促大型企业、风投机构、产业联盟等运用多样化途径拥抱创客运动，助推创客产业链不断走向成熟和完善。

3.夯实基础,完善创客生态链

战略发展基础不牢靠、不完善,是国内创客运动与国外创客运动存在明显差距的重要因素之一。为了加快实施创新驱动发展战略、响应"大众创业、万众创新"的时代号召,全面释放社会创新创业活力,就必须面向创客发展需求、拓展创客空间、夯实创客发展基础、完善创客发展生态链。

完善创客生态链,必须从载体、资源、人才、文化和服务五大要素出发,制定详细的行动目标。其具体任务如下:建成一批低成本、开放式、便利化的创客空间载体;形成一批内容丰富、成本低廉、开源共享的软件硬件资源;汇聚一批思想活跃、创意丰富的创客人才;营造一种创客教育普及深入,创客精神发扬光大的城市文化;形成一套内容丰富、形式多样、机制灵活、政策完善的创客服务体系。

如何拓展创客载体?

建设创客空间,是为广大创客提供低成本、开放式、便利化创新环境,承载多层次、国家化创客活动的重要举措,执行思路可参考以下方式来制定。

(1)引导企业、高等院校、科研机构及其他社会组织在内部创办独立的创客空间，为社会创客群体提供活动场地、研发工具等必要物资支持，并提供创意项目展示、创意思想交流、小批量生产、创业辅导和资金注入等一系列综合化服务。

（2）在各个地区、各个等级的校园内设立创客实验室，并配备3D打印机、开源工具等基础制造工具，提升在校学生的创新思维和实践能力。

（3）开展国际化合作，吸引国际知名创客机构在国内建设分支机构，提升国内创客载体的运营能力和国际化水平。

（4）加速孵化器的建设并大力发挥现有孵化器的作用，延伸孵化器的服务职能，为创客提供场地、设施设备等专项服务。

如何丰富创客资源？

创客资源是除了创客载体外另一项支持创客运动的基础建设项目，为了加强国内各类创客工具的进一步开放共享，可采用以下措施。

（1）加大开源软硬件的研发力度，提供种类丰富、功能强大的模块化开发工具，使创客能够简单快速地开发原型产品。

（2）引导高等院校、科研机构、高新技术企业开展科学仪器、设施设备、文献数据等资源的共享，鼓励各类机构开放服务器资源，为创客提供云计算和大数据支持。

（3）组织创客机构同行业组织开展交流合作，确立软硬件开源许可协议的行业规范，推动以分享为核心的创客开源机制的建成。

（4）发挥P2P、众筹等互联网金融渠道对创客活动的服务作用，支持创客利用互联网金融渠道推动创意项目的商品化。

（5）依托创客空间、创客服务组织，组建多种形式的创客协会、创客联盟等，通过协会或联盟的沟通协调共同分享社会创客资源。

如何培育创客人才？

普及创客教育，增强全社会的创新创业意识及能力，是拓展创客群体和培养创客人才的根基，具体的措施包括以下几点。

（1）壮大创客导师队伍，鼓励有能力、有经验的资深创客、知名创客，以及有专业技能或行业知识的技术专家加入到创客导师队伍中，为广大创客提供"手把手"式的创新指导和创业辅导，形成创客、创业导师、企业家之间的良性互动。

（2）进一步深入开展创客教育，完善创客教育体系，开发专门化的创客教育培训课程，并与各个院校的课程合理衔接。

（3）举办更多针对不同创客群体的创客大赛，展示创客们的创意作品，表彰优秀的创意作品，在相互切磋中加强创客与创客之间的交流。

（4）加强社会化创客科普宣传，组织各个机构开展创客科普活动，使创客运动更加贴近大众生活，引导创客运动走进社区，推动社会公众交流分享、展示作品和创意实践。

如何营造创客文化？

营造创客文化能够进一步加强社会创客氛围的形成，而创客文化的营造，除了创客及创客组织独立的行动外，还需要政府进一步予以引导和支持。

（1）支持创客与创客、创客组织与创客组织、创客与创客组织之间的交流活动，对于符合条件、取得实际成果的交流活动可给予适度的资金支持。

（2）为创客组织、创客服务机构提供公益性的培训、咨询、研发、推广等服务，或是给予相应的资金支持。

（3）引导各级政府工作部门和社会机构利用社区活动中心、社区图书馆等公共场所提供小型的开源工具和展示空间，在社区内部宣传创客文化。

（4）积极开展创客活动，通过分享、体验、展示、竞技等一系列不同性质的创客活动，营造创客氛围，汇聚创客人才。

（5）强化创客活动品牌效应，通过主题论坛、创客大赛、创客马拉松等系列活动，激发全民参与创客运动的热情。举办创客成果展、创客项目路演和创客跳蚤市场等形式多样的公益活动，推动创客及其作品与投资人的对接，发掘优秀创客人才和创新创业项目，促进优秀创意的成果转化。

如何强化创客服务？

强化创客服务，关键在于政府政策的支持，以国家力量助推社会化创客运动的发展，让广大创客获得实实在在的帮助，具体的措施如下。

（1）要加强对创客空间的支持，全面降低创客开展创新活动的成本和难度。

（2）要将支持政策覆盖到个人创客，对于符合条件的个人创客、独立创客项目予以适当的资金补贴。

（3）为创客安家入户打开便利之门，降低创客人才的跨市居住门槛，支持和引导各个社区为创客提供廉价的公共租赁住房。

（4）支持创客向各类机构寻求创新服务，对符合条件的创客空间发放科技创新券，用于创客购买创新设备。

（5）政府建设的科技基础设施、购置的大型科学仪器等设备，可以低价向创客提供租赁服务，鼓励企业、高等院校、科研机构等向创客提供设施设备援助。

（6）鼓励各类机构为创客提供法律、知识产权、财务、检验检疫、技术转移、成果交易、产品推广、专业咨询等系统化服务，使创客能够专注于创意实践，降低创客的创业难度。

一个完善的创客生态链，必须包含上述的载体、资源、人才、文化、服务这五大要素，缺一不可。政府部门应当针对每一个创客生态链环节，制定专门化、细节化、系统化的行动方针和支持策略，并确保方案落地，巩固社会化创客运动的发展基础，引导国家创新力量实现腾飞。